7日間で合格する

で合格する

総合型選抜

選抜

学校推薦型選抜

選抜

志望理由書・面接

総合型選抜専門塾
AOI 福井悠紀 著

Gakken

　この本を手に取っていただきありがとうございます。私は、総合型選抜専門塾AOIの創業から7年にわたり総合型選抜の指導に携わってきました。

　総合型選抜の中で大きなウェイトを占める志望理由書には「絶対的な正解」は存在しません。そこが総合型選抜の面白いところでもあり、難しいところでもあります。答えが一つではないからこそ、志望理由書にはさまざまなアプローチがあるのです。

　私たちAOIは、志望理由書の書き方の知見がまだ世の中にほとんどない中、試行錯誤を重ね、どんな人でも「自分の考えを自分の言葉で表現して、説得力のある志望理由書を仕上げることができる」ようノウハウを蓄積してきました。その7年間の結晶をまとめたのが、本書です。

　志望理由書などの書類や面接において、「**自分で考えたことを言葉でアウトプットし、それをもとにさらに思考すること**」が重要なプロセスだと私は考えています。この本は、志望理由書を書く作業を通じてみなさんに自分の将来について「考える指針」を提供することを目的としています。この本で身につけた「考える指針」をもとにして、大学入学後も学びを最大化し、自ら学び続ける姿勢を持ち続けて欲しいと思います。

　決まった正解がない問いに対して、自分と向き合い、ゼロから言葉にして文章にしていく作業は決して楽なものではないと思います。しかし、あなたが考えた分だけ、志望理由も、あなた自身も成長していきます。一緒に頑張りましょう。

本書の構成と使い方

　本書は、限られた時間の中で効率よく総合型選抜・学校推薦型選抜対策を行いたい受験生のために作られた志望理由書・面接の本です。7日間完成で、総合型選抜・学校推薦型選抜とはどういった入試なのか理解するところから始めて、志望理由書を書き上げ、面接本番の対策までカバーしています。志望理由書に必要な要素を五つに整理し、シンプルなワークに取り組むことで説得力のある志望理由書を書き上げられるような構成になっています。

1日目　総合型選抜・学校推薦型選抜と志望理由書の概要を知ろう

　この章では、総合型選抜・学校推薦型選抜がどんな入試なのかを説明します。その上で、志望理由書と面接では大学側が何を見ようとしているのかを説明します。

2日目　志望理由書に必要な要素を理解しよう ①

　志望理由書に入れるべき、五つの要素について説明します。あなたのやりたいこと・学びたいことに対する熱意を伝えるために一つ目の要素「きっかけ」を書いてみましょう。

3日目　志望理由書に必要な要素を理解しよう ②

　志望理由書に必要な五つの要素のうち、次は「課題分析」「解決策」を書きます。これらを書くためのリサーチ方法や、課題分析の仕方を説明します。

4日目　志望理由書に必要な要素を理解しよう ③

　志望理由書に必要な五つの要素のうち、次は「キャリア」「大学での学び」を書きます。大学入学後・大学卒業後の具体的なプランの立て方を説明します。

5日目　志望理由書を仕上げよう

　これまでバラバラに書いてきた五つの要素を説得力のある志望理由書にまとめる方法を説明します。字数・設問の異なるさまざまな志望理由書の実例も紹介します。

6日目　その他の出願書類を準備し最後の見直しをしよう

　自己推薦書・活動報告書などの書類の書き方を実例とともに紹介します。また、文章のチェックや字数調整など、提出物全般について最後の見直しをします。

7日目　面接の準備をしよう

　志望理由書を提出した後、面接にどう備えるべきかをお伝えします。頻出質問ごとに、答え方のポイントも紹介します。

※本書の実例は、基本的に実際の受験生が書いたものをもとに掲載しています。
※実例中の情報は、作成した当時のものです。

志望理由書を書く前に

書式や提出の仕方はさまざま

志望理由書などの書類を提出する方法は、大学ごとに異なります。

○ プリントアウトした書類に手書きで記入して郵送で提出する
○ 文字の入力をしてからプリントアウトして郵送で提出する
○ オンライン上のフォームに入力して送信する

などの形が多いです。

手書きが必須か、Wordなどの文書作成ソフトも使用可能かは要項で指定されています。形式も、原稿用紙のようなマス目のタイプ、罫線と目安の字数が示されているタイプ、罫線だけが与えられているタイプなどさまざまです。

志望理由書の下書きから清書まで

志望理由書を書くのには時間がかかります。また、「一度書いたらそれでおしまい」ではありません。**書き上げた後、時間をおいて見直すことで抜けや漏れに気づいたり、新たなアイディアを得ることができます。**書類は複数回書き直して仕上げる前提で、上書きや編集をしやすい、スマホのメモアプリ、Googleドキュメント、Word等の文書作成ツールの使用をおすすめします。ただし、デジタルツールを使う場合は、**バックアップを取ることを忘れないでください。**

本書では、各ワークにメモできるスペースを設けています。キーボードを打つときとは異なる言葉・発想が、手書きだと出てくることもありますから、そちらも活用してみてください。

下書きを完成させたら、志望大学の指定する書式に合わせて清書を行いましょう。手書きが指定されている場合は、デジタルツールで完成させた下書きを用紙に書き写します。文書作成ソフトの使用が許されている場合やオンラインのフォームから提出する場合は、所定のファイル・フォームに下書き内容を貼り付ければ大丈夫です。

1日目

総合型選抜・学校推薦型選抜と志望理由書の概要を知ろう

この章では、総合型選抜・学校推薦型選抜が
どんな入試なのかを説明します。
その上で、志望理由書と面接では大学側が
何を見ようとしているのかを説明します。

総合型選抜・学校推薦型選抜が どのような入試なのか理解しよう

総合型選抜（旧AO入試）・学校推薦型選抜とは

　あなたは総合型選抜（旧AO入試）・学校推薦型選抜にどんなイメージを持っていますか？

　「一芸入試」でしょうか？

　「学力不問で面接のみで受かる入試」でしょうか？

　「一部の天才のみしか合格しない入試」？

　それとも「名前を変えたスポーツ推薦」でしょうか？

　いいえ、どれも違います。

　ざっくりいうと、総合型選抜・学校推薦型選抜とは、学力だけではなく、応用的に考える力や物事に向かう姿勢も含めた、社会に出てから必要な能力を評価する入試です。

　なぜ従来の学科試験と違った、このような入試方式ができたかというと、**社会で必要とされる能力が変わってきたからです。**

　今までの学科試験では、「覚えたことをいかに正確に速く処理するか」といった能力が中心に問われてきたといえます。

　こうした能力は、人口が増え続ける前提で、社会や産業の構造が大きく変化せずに安定し発展してきた、これまでの日本のような社会では、一定の機能を果たしてきたといえるでしょう。

　しかし、現在の日本においては話が違います。

　人口減少が進み、将来が予測しにくい世の中になってきました。AIも発達し、今まで人間が行っていた仕事の多くを代替していくともいわれています。

　AIを例にとって説明すると、言われたことを正確に処理することはAIの得意分野ですので、AIに任せるようになります。そして、今後人間は、自分達が何をしたいか考えたり、大きく人間の生活を変えるような技術革新（イノベー

ション）を生んだりといった、AIが得意でない（もしくはできない）、**人間が行うことに意味がある仕事に主に携わっていく必要性が高まると考えられます。**

このような、今後の社会において必要な力をふまえて設定されたのが、次の三つの能力です。

① 一般選抜で要求される知識
② 知識を運用し、応用的に考える力（リテラシー）
③ 物事に向き合う姿勢（コンピテンシー）

これらが総合的に評価されるのが、総合型選抜・学校推薦型選抜なのです。

急に難しそうな能力を求められるようで驚いている人も、安心してください。本書は、志望理由書を作成し、面接への臨み方を学ぶ中で、上記の能力が育まれるように設計してあります。

さまざまな理由で総合型選抜・学校推薦型選抜に興味を持った人が本書を手にとってくれていると思いますが、**付け焼き刃の試験対策ではなく、あなた自身の将来のキャリアを考えることにつながれば幸いです。**

さて、総合型選抜・学校推薦型選抜入試がどのような意図で設計された入試かを説明しましたが、一般選抜と総合型選抜・学校推薦型選抜のどちらで受験するか迷っている受験生も多いと思います。具体的に対策を始める前に、どんな人が総合型選抜・学校推薦型選抜を選択しているのか、また向いている人はどういう人なのかを把握しておきましょう。

　まずは、どのような人が総合型選抜・学校推薦型選抜に向いているのかを見てみましょう。

　基本的には、**特定の資格を持っていたり、何かをやり遂げた経験があったりする人が向いている**といえます。例えば、次のような人です。

- 評定平均が高い人
- 英語（英検2級相当以上）の資格を持っている人
- 部活で実績を残している人
- 自分の行っていた活動をいかしたい人（何かのプロジェクトをやり遂げたことがある人）
- 留学していた経験をいかしたい人
- 高校の課題研究を頑張った人
- 主体性がある人
- 他者と協力して、何かを成し遂げたことがある人
- 知的好奇心が旺盛な人
- 論理的な思考や、議論することが得意な人

　初めに説明した三つの能力の視点に照らし合わせてみるとよくわかると思いますが、特に、**②知識を運用し、応用的に考える力**（リテラシー。思考力と言い換えてもよいでしょう）や、**③物事に向き合う姿勢**（コンピテンシー。主体性と言い換えてもよいでしょう）に関係した強みを持っている人が多いようですね。

　とはいえ実際は、自分の学力の現状と志望校のレベルとのギャップから、総合型選抜・学校推薦型選抜での受験を検討する人も多いでしょう。例えば以下のような人です。

- 一般選抜では偏差値・学力が届かない大学の合格を狙いたい人
- 一般選抜でも受験するが、複数回受けることで志望校に合格するチャンスを増やしたい人
- 指定校推薦・内部推薦・スポーツ推薦を狙っていたが、希望する大学の枠が

取れなかった人（総合型選抜を選ぶ場合です）
○ 早く進路を決めたい人
○ 何かしらの理由（出席日数の不足や科目勉強への苦手意識など）で、一般選抜
を受けない人

　まとめると、学力（①一般選抜で要求される知識）が足りていない人、もしくは
年内に試験を終えたい人、一般選抜を想定していない人といえますね。

　ここまで、「こんな人が選んでいる」という例を紹介しましたが、知っておくべ
きこともあります。

1. 楽な入試方式ではなく、「この入試方式を選びたい」という熱意なしに臨める入試ではないということ

　「逃げ」の選択肢として、総合型選抜・学校推薦型選抜を選ぶことは、はっ
きり言っておすすめしません。書類を作成するのには、それなりの時間と労
力を要します。中途半端な気持ちで臨んでも、望む結果は得られないでしょ
う。また、一般選抜のために時間を割いていたら得られたはずの教科の知
識や学力が身につかないということになりかねません。

2. 「受かる」ためだけに書類を作るのは、すごくもったいないということ

　「受かる」という目的にとらわれていて、自分自身に向き合うことをせずに
書類を書いてしまうと、自己分析やキャリアプランをしっかり立てる機会を失っ
てしまうことになります。
　上記のようなことを明確に意識したうえで臨めば、総合型選抜・学校推薦型
選抜の受験対策は、あなたの将来や学びを考える機会になるはずです。ぜひ
この機会を活用してください。

どんな出願条件や試験があるのだろうか？

　多くの場合、**出願のために必要な条件三つ**（評定、英語資格、活動実績・資
格）と、**試験要素三つ**（志望理由書、小論文、面接）があります。
　総合型選抜の出願条件や課される試験を図式化したものを次に挙げます。

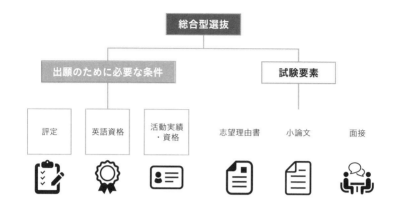

　これはルールとして明確に決まっているわけではなく、わかりやすいように便宜上分類したものです。大学ごとの詳細については、各大学の入試要項を確認してください。

▶出願のために必要な条件1　評定

　評定とは、**全体の学習成績の状況**や**評定平均**と呼ばれているものです。出願の条件として、評定平均が示されていることが多いです。この数字を満たしていないと、出願することもできません。出願資格に評定の基準を設けていない大学もあります。その場合は、評定が低くても気にせず出願してください。

　評定は5段階の数値で表されます（小数第二位は四捨五入）。高校によっては成績が10段階で評価されることもありますが、入試では5段階に換算したものを用いて評価されます。「10÷2だから5」のように単純に2で割ればいいわけではなく、「8，9，10を5と換算する」といったような高校ごとの換算基準が定められていますので、学校に確認するようにしてください。**現役生は出願時点での最新のもの（3年生1学期のもの）を用いて評価されます。既卒生は卒業時点のものを用います。**

▶出願のために必要な条件2　英語資格

　英語資格とは、英検、TOEIC、TOEFLなどの**英語に関する資格試験のスコア**です。トレンドとしては**4技能（リスニング、リーディング、スピーキング、**

ライティング）を評価するものが増えています。

　大学ごとに異なりますが、それぞれのテストの間で点数換算できるようになっており、英検2級相当（高校卒業レベル）や英検準1級相当を、出願資格や加点基準としているところが多いようです。「英語資格」がなくても合格することはできますが、その分は他の分野で評価される必要があります。

　英語資格のための勉強は一般選抜にも活用できるため、英検2級相当をめざして受験しておくことを強くおすすめします。**CBT**（Computer Based Testing）**という、コンピュータを使ってテストセンターからオンラインで受験する方法もある**ので利用してみてください。

　英語資格は試験結果が出るまでに一定の時間がかかりますし、大学への出願時点で英語資格の証明書が必要なので、それも逆算して申し込んでおきましょう。大学によっては評価されない英語資格がある点にも注意が必要です。

▶**出願のために必要な条件3　活動実績・資格**

　学校内外の活動に関して、客観的に証明できる資料を提出できる場合があります。生徒会活動や、部活やスポーツの実績、コンテストの入賞歴、ボランティア活動やインターンシップなどです。点数稼ぎのために無理にやる必要はありませんが、興味を持って取り組んだ活動が評価されるかもしれないので、行った活動については極力資料を残しておくようにしましょう。基本的には中学卒業以後のものが評価対象になります。

　また、**英語以外の資格試験**もこれにあたります。代表的なものは**漢検、数検**です。2級以上が評価される大学が多いです。

▶**試験要素**

　総合型選抜・学校推薦型選抜で課される試験要素は、大きく分けると、**志望理由書、小論文、面接がメインになります。**

　総合型選抜・学校推薦型選抜では、①**一般選抜で要求される知識**、②**知識を運用し、応用的に考える力**（リテラシー）、③**物事に向き合う姿勢**（コンピテンシー）という三つの能力が評価されると説明しました。（→p.9）

　実は、この三つの能力は、**「学力の三要素」**と呼ばれるものに対応しています。

学力の三要素

① 知識・技能
② 思考力・判断力・表現力
③ 主体性を持って多様な人々と協働して学ぶ態度（主体性・多様性・協働性）

これらは「学力とは何か」ということを専門家たちが議論を重ねて、これからの時代に必要な学力はこの三要素である、としたもので、高校での学習内容や、大学入試のあり方を考える際のベースになっています。

では、「志望理由書」「小論文」「面接」に分けて説明していきましょう。

▶試験要素1　志望理由書
　志望理由書とは、**その大学・学部・学科への入学を志望する理由を文章の形式で書く書類**のことです。
　大学によって形式はさまざまで、具体的な設問が設けられている場合もあれば、特に指示がない場合もあります。
　入試要項での呼称も大学ごとに違いがあり、「自己推薦書」、「学修計画書」という名前であっても、設問によっては実質的に志望理由を聞かれていることがあります。
　出願時に提出することが多く、試験会場でその場で書かされることは少ないです。
　基本的に手書きですが、近年はオンラインでの提出を可能とする大学も増えてきています。
　志望理由書はキャリアをどのような方向で進めたいのかという、学力の三要素のうち、③の「**主体性**」について主に評価されます。さらに、それらが論理的に一貫性があるのかという点も評価されますので、②の「**思考力**」や「**表現力**」も測られているといえます。

▶試験要素2　小論文

　小論文は**論理的思考力**を中心に、**文章力**、**知識**、**表現力**を見るもので、②「**思考力・判断力・表現力**」が測られます。出題形式や制限字数は、大学・学部によって異なります。試験時にその場で書くことが多いですが、場合によっては、課題論文として事前に提出を求められることもあります。

▶試験要素3　面接

　面接では、コミュニケーション能力や、応答の際の思考力、学問の知識や一般教養などを見ます。評価される項目は志望理由書とほぼ同じです。短時間で口頭でのコミュニケーション能力を測ります。また、志望理由の内容を深掘りする質問をすることにより、志望理由書が本当に本人が書いたものかどうかを確かめる場でもあります。同じような目的でプレゼンテーションやグループディスカッションが課されることもあります。

　本書ではこれらの試験要素のうち「志望理由書」と「面接」を扱います（小論文対策については、同じシリーズの『7日間で合格する小論文』を読んでください）。

▶学力の三要素と総合型選抜・学校推薦型選抜

　最後に「学力の三要素」が、どのように総合型選抜・学校推薦型選抜の試験要素に対応しているか見ておきましょう。

① **知識・技能**…評定、英語資格、他の学力系の資格
② **思考力・判断力・表現力**…小論文、課題論文、レポート
③ **主体性を持って多様な人々と協働して学ぶ態度（主体性・多様性・協働性）**
　　　　　　　　…**志望理由書、面接**、活動実績、グループディスカッション

　このように、総合型選抜・学校推薦型選抜とは、学科試験だけでは評価できなかった、「学力の三要素」を評価しようとしている試験だといえます。

　評定や英語資格については短期間で成果を上げることは難しいですが、**「志望理由書」「面接」は、あなたの努力次第で短期間でも底上げできる部分です。強みになる志望理由を作り込んで入試に備えましょう。**

入試の種類について理解しよう

入試方式ごとの特徴を理解し、合格へ近づきましょう。

2020年度からの入試改革により、大きく入試制度が変わりました。新しい入試制度は大きく3種類に分けられます。

▶一般選抜

一つ目は、**一般選抜**です（入試改革前の旧称は「一般入試」でした）。これは主に筆記試験を用いて選考を行う入試方式です。「一般」と名がついている通り、入試と聞いて多くの人が真っ先に思い浮かべる形式ではないでしょうか。

ただし、入試改革により、従来の一般入試からの変更点もあります。**調査書や本人が記載する志望理由書などの書類をもとに、「主体性を持って多様な人々と協働して学ぶ態度」を評価する大学が増える**のです。主に5教科の学力が評価されることに変わりはありませんが、出願する大学がどれだけ主体性評価に配点を割いているのかは、事前に調べておく必要があるでしょう。

一般選抜の試験は原則として2月以降に行われます。国公立大学の場合は共通テスト（旧：センター試験）と大学個別の二次学力試験、私立大学の場合は2、3科目の学力試験があります。

共通テストの点数を合否に利用する私立大学の入試方式も、一般選抜に含まれます。共通テストの点数のみで私立大学の合否が決まる、**共通テスト利用入試**、共通テストの点数と個別学力試験の点数で私立大学の合否が決まる、**共通テスト併用入試**などがあてはまります。

▶学校推薦型選抜

二つ目は、**学校推薦型選抜**です（旧称：推薦入試）。これは**学校長の推薦書**と調査書、志望理由書などの書類の評価に加え、**各大学が定めた評価方法（小論文、面接・プレゼン、筆記テストなど）、もしくは共通テストで選抜**される方

式です。

　今までは、学力試験が原則免除されていましたが、入試改革によって各大学の定める評価方法で学力が測られるようになりました。

　学校推薦型選抜の出願時期は11月以降、合格発表時期は12月以降です。

　この方式の大きな特徴としては、学校長の推薦を必要とすることと調査書の評価が重視されることです。

　また学校推薦型選抜の中には**指定校推薦入試**、**公募推薦入試**などがあります。同じ学校推薦型選抜の中でも、指定校推薦とそれ以外とでは性質が大きく異なるため、注意が必要です。

　指定校推薦は、**大学と高校間との協定により推薦枠が定められており、大学への出願に先立って、高校内で選考**が行われます。選考の際には主に評定平均が使われます。**その後の書類選考、大学独自選考に合格したら、辞退することはできません。**この点が他の入試方式と指定校推薦との大きな違いです。公募推薦入試は、指定校推薦入試とは異なり、志望大学が公募推薦を実施していれば全国どの高校からでも出願することが可能です。また、国公立大学でも実施されており、その中には共通テストの成績を評価に用いる大学もあります。公募推薦には、志望理由書・小論文・面接での選抜を行う総合型選抜と同じような形式のものもあれば、1、2科目の学力試験を課すもの、スポーツや文化・芸術活動などでの実績を出願の条件にする特殊なものなど、さまざまな形式があります。

▶総合型選抜

　三つ目は、**総合型選抜**です（旧称：ＡＯ入試）。こちらは学校推薦型選抜と違い、出願要件を満たしていれば原則誰でも出願が可能です。**提出書類（志望理由書、自己推薦書、活動報告書、学修計画書など）**と、**各大学が定める評価方式（小論文、面接・プレゼンなど）を合わせて評価**します。

　総合型選抜の出願時期は9月以降で、合格発表時期は11月以降です。

　出願者自らが応募するという試験の性質から、**志望理由書や活動報告書など本人が書いた書類が重視されて評価されます。**

　「各大学が定める評価方式」としては、小論文や面接がオーソドックスなもの

です。中には、講義を聞いた後にレポートを書く**授業参加型の試験やグループディスカッション**を課す大学もあり、入試方式は多岐にわたります。

　なお、学校推薦型選抜と総合型選抜の実施校や合格者は、増加傾向にあります。文部科学省によれば、2022年度入学者の選抜では国公私立大学の99.0％が学校推薦型選抜を、83.7％が総合型選抜を実施しており、今後もさらに増加することが予想されます。

入試方式ごとの受験条件を見ておこう

▶一般選抜について

　受験条件が最もゆるい入試だといえるでしょう。

　高校卒業（見込含む）をしたか、もしくは高卒認定資格を持っているかすれば、受けられます。ただし、今後は英語資格の提出を義務づけるところも出てくる可能性があります。

▶学校推薦型選抜について

　受験条件に関しては最も制約が多い入試です。

　学校ごとの推薦要件（評定など）を満たした上で、学校長（高校）からの推薦を受ける必要があります。また、現役生のみを対象としているところが多いです。学校長の推薦は原則一つの大学にしか出せないため、同時に複数の大学を受験することはできません。ただし、一つ目の大学の公募推薦の不合格が確定すれば、別の大学の公募推薦に出願できます。

　公募推薦は、原則的に併願はできませんが、例外もあるため志望大学の入試要項や担任の先生への確認は忘れずに行いましょう。

　指定校推薦は校内選抜があるところがほとんどです。校内選抜は評定をもとにして行われますが、高校ごとにさまざまな基準があるため、こちらも先生に確認するようにしましょう。

▶総合型選抜について

　学校が定める受験資格（評定や英語資格など）を満たしさえすれば、原則誰でも受験できます。併願も可能なところが多いです。

　大学によっては、大学内で二学部以上に併願できることもあります。

　学校推薦型選抜よりも自由度が高い入試といえるでしょう。

　評定平均や資格を出願条件としているところも多いため（設定していないところもあります）、英検2級などの必要とされやすい資格は高校3年生の夏までに取得するようにしておきましょう。

▶どの入試方式でチャレンジするか決めよう

　「自分は評定が低いから学校推薦型選抜は無理…」「勉強は苦手だから共通テストは受けない…」

　こんな思い込みで自分の入試方式の幅を狭めて、合格の可能性を下げていませんか?

　自分の特性に合わせて、どの入試でチャレンジするかの戦略を立てましょう。

　総合型選抜や学校推薦型選抜を受ける前提でこの本を読んでいる人がほとんどだと思いますが、一つの入試方式でしか受けられないわけではないので、担任の先生や塾の先生などに相談して**チャレンジする入試方式を柔軟に考えてみてください。**

志望理由書ってどんなもの？

志望理由書ではどんな力を見ているのか？

志望理由書というのは、ざっくりいうと**「なぜあなたが〇〇大学に入りたいのか」を大学側に説明する書類**です。

より壮大にいえば、あなたの人生において大学で学ぶことにどのような意味があるのかを説明する書類なのです。

先ほど、志望理由書では「主体性」や「思考力・表現力」が見られるという話をしました。「自分がどのような人生を歩みたいのか」や「これまでどんな人生を歩んできたのか」という内容が**「主体性（キャリアの志向性）」**に、それらに対してどのようにリサーチをして、思考して文章にするのかが**「思考力・表現力」**に対応しているのです。

このような書類のため、一般選抜のテストと違って、志望理由書には絶対的な正解がありません。そこが難しいところでもあり、人によっては面白いと感じるところかもしれません。

まずは志望理由書とはどのようなものかのイメージをつかむため、実際の例を見てみましょう。

例
　私は将来、給食から発生する食品ロスを減らしたい。この夢を抱いたのは、高校の課外活動で子ども食堂にボランティアをしに行ったことがきっかけだ。私が行った子ども食堂は小学生のみを対象としたところであった。その中で子どもから、給食を残している友達が多いという話を聞いた。

　実際に調べてみると、環境省が平成25年度に行った調査では、児童・生徒1人当たりの年間の食品廃棄物発生量は約17.2 kgであると推計されていた。食品廃棄物の内訳は、食べ残しが7.1 kgで最も多い。このような現状を踏まえ、まずは食

べ残し 50% 削減を目標に掲げ食品ロスを減らしたい。

　食べ残しの理由として、日本スポーツ振興センターの平成 22 年度児童・生徒の食事状況などの調査報告書によると、61% 以上の子どもが「嫌いな食べ物があるから」という項目を挙げていた。このことから私は、嫌いな食べ物を克服させる給食を提供することよって食べ残し 50% 削減を達成することができると考えた。嫌いな食べ物を克服させるために、まずその食べ物を目に見えない形で混ぜ込んで提供する。そして、その食べ物が入っていることを生徒に伝え、次に目に見える形で味を調整して提供する。こうやって徐々にその食材本来の味で食事を提供する。このように段階を踏むことで、嫌いな食べ物を克服し食べ残しが減るのではないかと考えている。

　そのために私は管理栄養士（栄養教諭）として、食品ロスを減らすことを意識しつつバランスよくいろいろな食材をとり入れられるよう工夫していきたい。給食の管理だけでなく実際に生徒に対して食育の授業も行うことができるため、より効率的に実現させることができるのではないかと考えた。

　この私の夢を実現するためには、○○大学での学びが必要不可欠である。まず、1 年次には基礎栄養学や栄養管理論を履修し、基礎を身につける。その後、3 年次からの実習では対象施設に応じた給食を作ることで、食品ロスを防ぐために理想的な給食の形を考えていきたい。そして、子ども食堂プロジェクトに参加し、子どもからの給食に対する意見を聞くつもりだ。1 か月ごとに携わる子ども食堂が変わるので、多くの子どもから意見を聞くことができると考えている。以上の理由により、私は○○大学栄養学部を志望する。

ここでは、志望理由書の完成形のイメージがなんとなくわかれば OK です。

志望理由書を書くのはなぜ難しいのか？

前述した通り、志望理由書には正解がありません。なんとなく「その大学に行きたい理由を書けばいいのでは」というくらいは思い浮かんでいるかもしれませんが、いきなり志望理由を書けと言われても、困ってしまうと思います。多くの人が志望理由書を書くのが難しいと感じる理由は、以下の二つに大きく分けられます。

1. 必要な要素が多い
2. 設問が隠れている

詳しく説明していきましょう。

▶「必要な要素が多い」とはどういうことか

志望理由書では、「なぜ私がこの大学に入りたいか」ということをメインに説明していく必要があります。

ただ、「この大学に入りたい」という自分の気持ちを答えるだけなら簡単なのですが、「説得力がある」という条件がつくと、一気に難しくなります。

志望理由とは「私が○○大学で○○学を学ぶ必然性」と言い換えられます。ですから、「なんとなく興味があるから」「学校の先生にすすめられたから」「就職に役立ちそうだから」などではなく、「**自分の人生をかけてやりたいこと（価値観に合ったこと＝キャリア志向性）や関心のあるテーマや課題解決のために、その大学・学問で得られる知識や専門性が必要であるから**」という理由が最も説得力のある志望理由といえます。

そのような説得力のある志望理由を書くためには、次の**五つの要素**が必要です。

説得力ある志望理由書の五つの要素

① **きっかけ**：その職業や社会課題に興味を持ったきっかけや、既に取り組んだことを書いて、熱意を示せているか。

② **課題分析**：ある事象に対しての現状の課題やあるべき理想像を、どれだけ具体的に記述できているか。

③ **解決策**：上記で定義した課題に対して、どのような解決策が望ましいか考えて記述できているか。

④ **キャリア**：具体的にどのような職業選択をし、どのように人生を設計するかが記述できているか。

⑤ **大学での学び**：具体的に大学でどのようなことを学ぶのか、研究テーマや４年間の計画をイメージできているか。

もっと簡単な言葉でまとめると
◯ 私は将来こんなことがしたい！
◯ なぜかというとこんなきっかけがあったからだよ。
◯ 将来やりたいことについて調べると、こういう現状になっている、こうしたらうまく解決できそう。
◯ そのためには、こんな仕事につく計画を立てている。
◯ だから、それにぴったりな◯◯大学でこういうことをこういうふうに学びたい。
ということですね。
　これならば書けそうな気がしてきませんか？

　上記のような要素を含めた書き方は、多くの志望理由書に当てはまりますが、例外もあります。例えば「社会問題を解決したい」という性質の学問を志向しない場合ですね。**「特に解決したいことはないけれど、知りたいこと、明らかにしたいことがある」**という人は、３日目のコラム（→p.62）でご紹介する「学問追究型」の書き方を参考に書いてみてください。「**きっかけ**」「**キャリア**」「**大学での学び**」の部分は共通で、「**課題分析**」「**解決策**」の部分のみ異なった書き方となります。

また、大学によっては、志望理由書に、より細かく設問が設定されている場合もあります。その場合は、前述した①〜⑤の要素が全体を通じてどこかに含まれていれば問題ありません。それぞれの要素が必要な理由や書き方については、後の章で詳しく説明していきますので、ここでは「説得力のある志望理由書を書くには、ただ独りよがりな願望を書くだけではだめなのだな」ということをわかっていただければ大丈夫です。

▶「設問が隠れている」とはどういうことか

　実は、志望理由を問われたとき、答えるべきことが二つあるのです。一つ目は、「その大学を志望した理由」、つまり**「なぜ私はこの大学・学部に入りたいか？」**です。これを書かなければならないということは、イメージしやすいですよね。

　しかし、実はそれだけでなく、志望理由書には**「なぜ（他の人ではなく）私をこの大学に入れるべきか？」**も書かなければならないのです。志願者目線ではなく、選考する立場（大学側）に立って考えてみればわかりやすいと思います。受験では定員より多くの応募があるところがほとんどですので、大学は複数の学生の中からどの学生を入学させるかを選ばなければなりません。その際、「この受験生の志望理由には説得力があり、本気度が高そうだ」というのはもちろん評価基準の一つにはなりますが、忘れてはならないのは**アドミッションポリシー**の存在です。

　アドミッションポリシーとは、**大学側が定義している「入学者を受け入れるための基本的な方針」**のことで、具体的には受け入れる学生に求める学習成果（＝「学力の三要素」→p.14）を示すものです。つまり、学力（「知識・技能」）だけでなく、「思考力・判断力・表現力」、「主体性・多様性・協働性」についてもそれぞれ定義されているのです。

　そのため志望理由書では、前のページで説明した「きっかけ」「課題分析」「解決策」「キャリア」「大学での学び」という五つの要素について、**あなたがいかにその大学のアドミッションポリシーに当てはまっているかを、具体的にアピールする必要が出てくるのです。**

　どの要素でどうアピールするかは、この後の章で説明していきますね。

コラム ① 志望理由書に書くことが まだ決まっていない人へ

(1)やりたい仕事だけ決まっている（学部選びで迷っている）人の場合

　やりたい仕事が決まっているだけで立派です。

　その仕事に関連する大学や学部はすぐ見つかると思いますが、受験する大学や学部を決めるには、その職業の社会的な意義は何か、自分がなぜその職業に憧れているのかを考えるとよいでしょう。ここでポイントとなるのは、その職業と直結するイメージの学問領域と自分のやりたいことを混同せず、一度立ち止まって自分がなぜその職業に就きたいのか、ということを考えることです。

　例えば「社長になりたい」という夢を持つ受験生は、なんとなく「経営学部に行かないといけない」と思い込んでしまいがちです。しかし、ある生徒の例では、本当にやりたいことを掘り下げていった結果、実現したい事業内容についての専門性を深めたい、という方向性が明らかになり、経営学部以外の学部に進学することにしたということもありました。

　他にもアナウンサー志望の生徒さんがメディア系の学科から自分が最も興味をもっている国際政治学を学べる学科に変えた例や、キャビンアテンダント志望で語学力が必要だからと英文学科を志望していた生徒さんが、留学プログラムを重視している国際系の学科に変更した例などがありました。

(2)志望大学・学部だけは決まっている人の場合

　一般選抜で受験すると決めていたり、周りの友達の影響を受けたりして、先に志望大学・学部が決まっている人もいるかもしれません。

　まずはその大学・学部で何が学べるのか、ということを調べ、自分の興味のある分野の研究をしている先生がいるかを探してください。入学を希望する大学に興味のある分野の教授が見つかったら、その研究の社会的な意義や、その先のキャリアについて調べてみましょう。

　つまり、大学や学部のブランドに魅力を感じていたとしても、あまりにも学習

内容に興味がなければ入学後に学ぶモチベーションがなくなってしまうおそれ
があるので、考え直したほうがいいということです。

⑶何も決まっていない人の場合

　自分が好きなもの、得意な科目から考えてみましょう。

　例えば、ゲームが好きな人がゲーム制作系の学部に進む、英語が得意な人
が外国語学科に進むということはよくあります。しっくりくるものが見つからない、
という人は、一旦、少しでも興味を持てたもので仮の志望理由書を作ってみる
ことをおすすめします。具体的に言語化することで、自分の考えが明確になって
いきます。明確になっていくにつれて本気になれるかもしれませんし、違和感が
出たらその都度、軌道修正していけばよいからです。

　本書は志望理由書の各要素を考えていくうちに、自分自身についての考えを
深めていくことができる作りになっていますので、前向きに考えてみましょう。

2日目

志望理由書に必要な要素を
理解しよう❶

志望理由書に入れるべき、
五つの要素について説明します。
あなたのやりたいこと・学びたいことに対する
熱意を伝えるために
一つ目の要素、「きっかけ」を書いてみましょう。

志望理由書の全体像を理解しよう

五つの要素を意識しながら実例を読んでみよう

　1日目の最後に、説得力のある志望理由書に必要なのは「**きっかけ**」「**課題分析**」「**解決策**」「**キャリア**」「**大学での学び**」（→p.23）という五つの要素だと説明しました。

　実は、1日目に読んでもらった志望理由書の実例も、この五つの要素によって成り立っていたのです。今度は五つの要素を意識しながら読んでみてください。

例

　私は将来、給食から発生する食品ロスを減らしたい。この夢を抱いたのは、高校の課外活動で子ども食堂にボランティアをしに行ったことがきっかけだ。私が行った子ども食堂は小学生のみを対象としたところであった。その中で子どもから、給食を残している友達が多いという話を聞いた。 きっかけ

　実際に調べてみると、環境省が平成25年度に行った調査では、児童・生徒1人当たりの年間の食品廃棄物発生量は約17.2 kg であると推計されていた。食品廃棄物の内訳は、食べ残しが 7.1 kg で最も多い。このような現状を踏まえ、まずは食べ残し 50% 削減を目標に掲げ食品ロスを減らしたい。 課題分析

　食べ残しの理由として、日本スポーツ振興センターの平成22年度児童・生徒の食事状況などの調査報告書によると、61%以上の子どもが「嫌いな食べ物があるから」という項目を挙げていた。このことから私は、嫌いな食べ物を克服させる給食を提供することよって食べ残し 50% 削減を達成することができると考えた。嫌いな食べ物を克服させるために、まずその食べ物を目に見えない形で混ぜ込んで提供する。そして、その食べ物が入っていることを生徒に伝え、次に目に見える形で味を調

整して提供する。こうやって徐々にその食材本来の味で食事を提供する。このように段階を踏むことで、嫌いな食べ物を克服し食べ残しが減るのではないかと考えている。解決策

　そのために私は管理栄養士（栄養教諭）として、食品ロスを減らすことを意識しつつバランスよくいろいろな食材をとり入れられるよう工夫していきたい。給食の管理だけでなく実際に生徒に対して食育の授業も行うことができるため、より効率的に実現させることができるのではないかと考えた。キャリア

　この私の夢を実現するためには、○○大学での学びが必要不可欠である。まず、1年次には基礎栄養学や栄養管理論を履修し、基礎を身につける。その後、3年次からの実習では対象施設に応じた給食を作ることで、食品ロスを防ぐために理想的な給食の形を考えていきたい。そして、子ども食堂プロジェクトに参加し、子どもからの給食に対する意見を聞くつもりだ。1か月ごとに携わる子ども食堂が変わるので、多くの子どもから意見を聞くことができると考えている。以上の理由により、私は○○大学栄養学部を志望する。大学での学び

　それぞれの段落を通じて、五つの要素が盛り込まれていますね。

　また、五つの要素が漫然と並べられているのではなく、やりたいことを最初に述べることで結論がわかりやすくなり、その直後になぜそうしたいと考えたのかが書いてあるため読み手の理解しやすいものになっています。また、課題を実現するために何をすべきかが順を追って書かれていて、論理的で読み手に理解しやすいように文章が整理できていることがわかりますね。

　「こんなふうに完璧には書けないよ…」と思った人も心配ありません。この段階では、一貫性が重要である、つまり、**それぞれの要素どうしで矛盾がないように書くことが重要である**とわかれば、大丈夫です。

それぞれの要素の持つ意味を知ろう

五つの要素が、志望理由書でどんな形で現れるかはわかりましたね。次は、それぞれの要素が志望理由書全体の中でどのような意味を持っているかを理解してほしいと思います。一つずつ見ていきましょう。

▶「きっかけ」

志望理由書に**「きっかけ」**の要素が入っていないと、なぜ他の人ではなくあなたがそれをやる必要があるのか、**なぜあなたがそのジャンル・学問に熱量・モチベーションを持っているのか**がわかりません。逆に、「きっかけ」を上手にアピールできると、大学入学後にも活動や学問・研究に積極的に取り組んでくれそうだ、という説得力を読み手に感じさせることができます。また、「きっかけ」を入れずに、ただ優等生的に社会問題を取り上げて勉強したいと言っても、あなたのその課題に向き合う熱量をわかってもらえず、あなた以外の他の人でもいいのではと思われてしまいます。

下の二つの「きっかけ」を読み比べてみてください。

A 貧富の格差は深刻な社会問題であり、解決を急ぐ必要がある。私は○○大学に入り、解決法を模索したい。

B ボランティア活動の研修で、貧困により自然破壊が起きていることを知り心を痛めた。オンラインで支援活動を行う中で、先進国のエネルギー問題の解決が必要だと気づいた。そこで、○○大学に入学し、その解決法を模索したいと考えるようになった。

Aはニュース番組などで言われていることをただ書いた感じがしますね。Bのほうは、実際の活動を通して考えたことから課題を設定したことが示せています。それによって書いた人の熱量が伝わりやすくなっていると思いませんか?

▶「課題分析」と「解決策」

志望理由書に**「課題分析」**(理想と現状)の要素が入っていないと、その分野に興味があるということが十分に示せなかったり、大学に入った後に必要なリサーチ力があるということを示せなかったりします。

「解決策」も、あなたの選んだキャリアの必然性や、学問の方向性を示すために必要です。ただ、場合によっては解決策を強引に示してしまうと、リサーチ不足が露呈することもあります。あくまで方向性を示す程度に考えておきましょう。

次の二つの「課題分析」「解決策」の文例を読み比べてみてください。

A 　地球温暖化の解決の方法を学ぶために、貴学環境学部に進学したい。

B 　現状、地球の温暖化によって地球の平均気温は上昇し続けており、これは温室効果ガスが原因である。この問題が解決しない主な原因は、各国のエネルギー・システムの構造改革が進んでいないことである。その解決のためには、2050 年までにカーボンニュートラルを実現するための計画策定、政策評価を行うことが有効だと考える。よって、私は貴学環境学部でエネルギー政策を学びたい。

Aのほうは、地球温暖化の現状や解決策について、きちんと調べることができていないという印象を与えてしまいますね。

Bのほうは、興味をもった課題について、現状どうなっているか、なぜその問題が解決しないか (課題分析)、解決のためにどうすればいいか (解決策)、をリサーチ結果を用いながら示せています。

▶「キャリア」

　志望理由書に**「キャリア」**の要素がないと、なぜ大学で学ぶ必要性があるのかの説明ができません。また、考えた「解決策」を自分の人生においてどう実現していくのかを示すことができません。

　次の二つの文例を読み比べてみてください。

> **A**　不登校の児童・生徒をなくすための解決策は、不登校の児童・生徒がフリースクールに転学できるように体制を整えることだ。大学ではそのために教育心理学を学びたい。

> **B**　不登校の児童・生徒をなくすための解決策は、不登校の児童・生徒がフリースクールに転学できるように体制を整えることだ。大学卒業後はNPO法人に所属し、フリースクールのスタッフとして不登校児の支援を行っていくつもりだ。大学ではそのために教育心理学を学びたい。

　Aは「キャリア」の要素が抜けてしまっているため、「解決策」に至る過程が見えません。そのため、フリースクールへの転学という解決策を実現するために、「大学卒業後に自分がどんなことに取り組みたいのか?」ということや、「なぜ教育心理学を学ぶ必要があるのか?」ということの理由が十分に説明できていませんね。

▶「大学での学び」

　志望理由書に**「大学での学び」**の要素が入っていないと、その大学である必要性や、大学でどのように学ぶ予定かが説明できません。

　次の二つの「大学での学び」を読み比べてみてください。

> **A**　○○大学では、開発経済学を学びたい。

B　２年次は開発社会学を受講し、途上国の歴史や社会的背景を学ぶ。３・４年次は開発経済学の○○ゼミに参加することで、途上国開発についての専門的な知識を、グループワークを通して身につけたい。よって、貴学への進学を希望する。

　Bのほうが、学問に対する理解を示し、学ぶべき細かい学問分野を明確にすることができていますね。「具体的にどのように学修を進めるのか?」「そのカリキュラムがどのように自分のやりたいことに役立つのか?」が、わかりやすくなっています。(「『学習』じゃなくて『学修』?」と思った人もいるかもしれません。大学教育に関しては、『学習』より『学修』という語が使われることが多いです。漢字の通り、『学問を修める』ということです。)

　そもそも、自分が４年間学ぶ学問やテーマについてよく知らないと、自分のやりたいことと志望学部のミスマッチにつながる恐れがあります。具体的な情報をふまえて書く必要があるのです。

学問分野や社会問題に興味を持ったきっかけを考えてみよう

　ここまで、志望理由書に必要な五つの要素と、それぞれがどんな役割を果たしているかを説明してきました。

　ここからは各要素を、一つずつ順番に詳しく説明していきます。最初に扱うテーマは、「**自分のやりたいこと・学びたいことに対する熱意を伝える**」ことについてです。**この本では「きっかけ」と呼びます。**

　早速ですが、以下の二つの志望理由を読んで、どちらがよい志望理由なのか考えてみてください。

A

　私は、将来貧困に苦しむ子どもを救うために、ＮＧＯで働きたい。

　ＳＤＧｓの1番「貧困をなくそう」のスローガンにもあるように、貧困は国際的にも重要な問題だといえる。現在、世界の子どもの6人に1人が極度の貧困状態である。特に、カンボジアは、国連によって後発開発途上国に指定されており、他地域よりも貧困率が高い。具体的にはストリートチルドレンや、児童労働、人身売買などの問題がある。これらの貧困問題の解決のためには、一時的な経済的・物質的な支援だけでは持続性があるとはいえないため、環境・教育・所得面での複合的かつ継続的な支援を行い、貧困原因を解消していく必要があると考えている。

　よって、貴学国際学部で、国際関係論を学びたい。

B　私は、将来貧困に苦しむ子どもを救うために、ＮＧＯで働きたい。

　高校２年生のとき、留学先のカンボジアで物乞いの少年に出会った。彼の体は文字通り骨と皮だけのように見え、怖くなった私は何もできずその場から逃げてしまった。そのことが帰国後もずっと胸に残っていた私は、彼のように貧困に喘ぐ子どもを一人でも少なくしたいと考え、ユニセフの募金活動のボランティアを行うようになった。しかし、経済支援は一定の効果はあるものの、それだけでは根本的な貧困の原因を解決できないことをユニセフの方から聞いた。よって、一時的な経済的・物質的な支援だけでは持続性があるとはいえないため、環境・教育・所得面での複合的かつ継続的な支援を行い、貧困原因を解消していく必要があると考えている。

　よって、貴学国際学部で、国際関係論を学びたい。

　よい志望理由とは、Bのほうです。

　Aはよく調べられてはいますが、「なぜ、あなたがその問題に取り組むのか」の説明が全くないため、

・調べれば誰でも書けてしまう、熱意を感じられない文章
・あなたが他の人と比べてどのような違いがあるのかがわからない文章

になってしまっています。裏を返せば、「あなたがその問題に取り組んでいるきっかけ」と「あなたがそのテーマにどのように今まで取り組んだか」の説明をきちんと入れることで、**やりたいこと・学びたいことに対してあなたの持っている熱意**をアピールすることができるのです。

　１日目に、志望理由書では「なぜ私はこの大学・学部に入りたいか?」と「なぜ私をこの大学に入れるべきか?」の２点が大事だとお伝えしました（→p.20〜24）。「きっかけ」を書くことで、

・「なぜ私はこの大学・学部に入りたいか?」という問いには「学びのテーマに

対し、熱意を持っているから」

・「なぜ（他の人ではなく）私をこの大学に入れるべきか?」という問いには「他の人と異なる考えを持ち行動しているから」

という説明ができるため、志望理由書に説得力を持たせることができるのです。

▶「きっかけ」を書いてみよう

　では、具体的にどのように「きっかけ」を書いていけばよいのでしょうか。この本を読んでいる人の中には、まだやりたいこと・学びたいことが決まっていない人も、すでに決まっている人もいると思います。ここでは四つの**STEP**に分けて、どうやって書いていけばよいかを解説していきます。

STEP 1 　自分の過去の経験を書き出してみて、その中から他の人が経験していなさそうな独自性を感じさせる経験を選んでみよう。高校入学後の経験でなくてもよいです。

例　・小学生のころ、社会の授業が好きだった。

　　・中学生のころ、野球部に所属し、ピッチャーだった。

　　・高校1年生のときにカンボジアに留学に行った。←選んだのはこれ!

(STEP 2) 選んだ経験をさらに詳しく書いた上で、どのようなことに興味を持ったのかを考えてみよう。

例 カンボジアで物乞いの少年にあったが、見た目が怖くて逃げ出してしまった。

(STEP 3) 興味を持ったテーマについて、今から行動に移せることがあればやってみよう。すでに実践した行動から学んだことがあれば、それも書こう。

例 貧困国を支援するボランティア活動に参加する。

次の文例の [　　　] に入る言葉を考えて、「きっかけ」の文章を仮に作ってみよう。

私がやりたいことは [　　　] である。

そのきっかけは [　　　] である。［最初の経験］

その経験から [　　　] に気づいた。［最初の気づき・感情の動き］

その気づきから [　　　] をした。［気づきからの行動］

そこから [　　　] に気づいた。[　　　] を学んだ。［新たな行動からの気づき・学び］

空欄を埋めると、なんとなく文章のイメージがつくのではないでしょうか。最初から自信をもってきれいな文章を書ける人は少ないものです。頭の中で考えていても進まないので、まずは志望理由書の要素を、**STEP 1〜STEP 3** の空欄を埋めていく要領で書いてみてください。これは雑で構いません。文字にしてみると自分のアイディア・考えを客観的に見ることができ、内容を改善していくことができます。言うまでもありませんが、この本で示す文章例はあくまで**イメージしやすくするための仮の案なので、志望理由書にそのまま書かない**ようにしてくださいね。不自然な文章になってしまいますし、紋切り型な印象を与えてしまいます。

▼ＮＧ例と合格レベルの文例を見てみよう

　ここからは実際の志望理由書をもとに、ありがちなＮＧ例や、合格レベルの「きっかけ」の実例を紹介したいと思います。

ＮＧ例1　テレビで○○事件についてのニュースをやっていて、弁護士という職業に興味を持った。

──► これは確かに「きっかけ」ですが、熱意を伝えるという点では不十分です。自身の体験を書くこと自体はＮＧではないのですが、「自分の感情が大きく動いた」「既存の価値観が大きく変化することだった」など、「あなたがやる理由」をしっかり書けるとよいでしょう。

ＮＧ例2　私は高校１年生から福祉施設のボランティアに参加していた。そこで、介護従事者の労働環境の改善のためのシフトの組み方を提案し、実際に採用された。社会福祉士の資格を取得後、施設で働く際も、このように改善策を提案したいと考えている。

──► せっかく学びたいテーマに関する活動をして、具体的な行動を起こしたという実績はあるのに、
・なぜ福祉に興味を持ったのか
・ボランティアを通じてどのようなことを学んだのか
が書かれていないので、熱意が伝わりにくい文章になっています。

　次に、合格レベルの例を見てみましょう。

合格例1　私は昨年、家族で○○を訪れた。この国は悲惨な内戦で知られるが、高校の授業で初めてこの戦争について学んだときは実感が湧かず、平和の実現には国単位の力が必要で、個

人の活動は無力だと考えていた。

　しかし、この旅行がきっかけとなり私の考えは大きく変化した。○○は、一見平和な町だが、「地雷注意」の看板や、銃弾跡のある家が多数残存する等、内戦による深い傷跡が残されていた。また、現在は美しく平和の象徴となっている△△橋を訪れたが、内戦中に破壊され、後に民族融和を表す目的で修復されたと現地の方から伺った。この経験から、戦争の悲惨さと恐怖を強く実感すると同時に、平和であることの有難さを痛感し、強い興味を抱き始めた。

　注意してほしいのは、外国、それも近年内戦のあった国に行ったという珍しい経験が評価されたわけではないということです。学校の授業でその国の内戦について学んだときには実感が湧かなかったが、現地で内戦の傷跡を目にした経験を経て、戦争の恐怖や平和の有難みを強く感じるようになったという変化が書かれている点がポイントです。これを入れたことで、「学びのテーマに対し、強い熱意を持っていること」が伝わってくる志望理由になっています。

合格例2

　私は貴学に入学し、脳や神経が行動に与える影響について学びたい。そう思い始めたきっかけは、私がバレー部に所属していた際にプレッシャーからイップスを経験したからだ。イップスになると、心の葛藤によって筋肉や神経細胞、脳細胞にまで影響が及び、実力を発揮できなくなってしまう。この経験から、私はイップスが起こる仕組みに関心を持つようになり、心に悩みを抱えているスポーツ選手を支えたいと思うようになった。

　自分自身がイップスを経験した事実とともに、そのときに調べたことをきっかけに学問に興味を持ったことまでを順序立てて示せていますね。

他の人よりも強い熱意があることを
アピールしよう きっかけ

何をどうアピールしたらよいのか?

「きっかけ」は、自分がアドミッションポリシー(大学・学部の求める学生像)に
いかにマッチしているかをアピールする要素です。つまり、大学・学部に「他
の人ではなく、あなたを入学させたい」と考えてもらうためのアピールができる
部分です。

正直に言うと、「きっかけ」は、こじつけで書くこともできてしまうパートでもあ
ります。もちろん、こじつけで書くと矛盾が生じてしまうので、おすすめしませ
ん。**本当に熱意があることをアピールするには、その興味に沿って実際にど
のようなことに取り組んできたのかを伝えることが、とても重要です。**

実際に取り組んだことがなければ、**リサーチをした上で、少しでも体験する
よう心がけましょう。**

▶活動実績がある人の場合

活動実績がある人は、自分がその分野についてどのように力を注いできた
か、書きましょう。例えば、実際に関連するボランティアに参加した、課題研
究で発表したなどです。

このパートの最終目標は、あなたの**その分野に関する熱意を示す**ことなの
で、ぜひ何を考えて、どのように取り組んだかを書いてください。後から出てく
る要素と内容が重なることもあるかもしれませんが、最後に調整すればよいの
で、とりあえず書き出しましょう。

▶まだ活動実績がない人の場合

今からでも間に合う人は、何でもいいので、ぜひ実際に体験してみてくださ

い。リサーチだけで書いた「きっかけ」よりも一段階上のレベルの「きっかけ」になります。

　活動実績を積む時間がないという人は、どんなリサーチをしたのかだけでもしっかり書くようにしましょう。

▶文例を見てみよう

　次の二つの「きっかけ」を読み比べてみてください。

A

　近年、教育格差についての話をよく耳にする。私は、勉強したくてもその環境がないことは非常に辛いことだと感じ、格差是正のために何かできないかと考えるようになった。

B

　近年、教育格差についての話をよく耳にする。私は、勉強したくてもその環境がないことは非常に辛いことだと感じたため、経済的理由で塾に行けない小学生のためのボランティアに参加した。そこでは、家で自分の机がなく勉強できないなど、自分が想像していた以上に家庭ごとの勉強に対する姿勢が違うことを実感し、格差是正のために何かできないかと考えるようになった。

　AとBは、最初と最後の一文は同じですが、Bには実際にボランティアに参加した経験をもとにした内容が入っています。興味を持ったことについて実際に行動を起こしたことと、ボランティアに参加する中で知ったことから問題意識を新たにしたことが書かれており、より説得力のある「きっかけ」になっているのです。

　「きっかけ」としてあなたの具体的な体験を入れることの重要さを、わかっていただけたでしょうか。

3日目

志望理由書に必要な要素を理解しよう 2

志望理由書に必要な五つの要素のうち、
次は「課題分析」と「解決策」を書きます。
これらを書くためのリサーチ方法や、
課題分析の仕方を説明します。

何のためにその学問を学ぶのか
伝えよう！ 課題分析 解決策

「課題分析」「解決策」では社会問題にふれる

　2日目では、志望理由書の要素のうち「きっかけ」の書き方について説明をしてきましたが、今日のテーマは「課題分析」「解決策」です。「課題分析」「解決策」と聞いても「きっかけ」「キャリア」「大学での学び」と比べて、どんなことを書くのかイメージがわきにくいのではないでしょうか。

　これらのパートでは、ざっくり言うと、「**あなたが将来やりたいことは、社会とどうつながっているのか？**」「**社会をよりよくするために、あなたはどう貢献できるのか？**」を書くことをめざします。

▶なぜ社会問題にふれる必要があるのか？

　なぜ自分の大学の志望理由なのに、社会の課題にまで視野を広げて書かなければならないのでしょうか？

　まず、各大学には**ディプロマポリシー**というものがあります。これは「学生がどんな能力を身につけたら卒業を認定するか（学位を授与するか）？」という方針です。言い換えると、大学側が学生に対して、「大学での学びを通してどのような力を身につけることを期待しているのか？」を示すものです。このディプロマポリシーには、**ほとんどの場合、社会に貢献するという内容**が含まれています。近年、大学に求められる役割として、教育・研究をすること自体はもちろんですが、社会貢献が重視されていることが大きいでしょう。

　私たちの塾でも、特に社会科学（経済学、経営学、法学など）や工学、医学系の学部学科の志望理由書を書く場合、**その学問を学ぶことがどのように社会に役立つかを書く**ように指導しています。なぜなら、それらの学問そのものが世の中にある課題を解決したり、課題を構造化して捉えたりするために形作られてきたものだからです。

　以上の点から、志望理由書においては、**自分が解決したい課題を書くこと、**

またその際には**社会性**（自分の欲求、関心だけではなく、社会的にどれくらい役立つか）**を考慮する**ことが必要なのです。

　なお、歴史・文学・哲学などの人文系の学問や理学に関する志望理由書の場合は「純粋に研究対象について探究したい」という書き方をすることもあります（→p.62）。

▶問題解決モデルで「課題分析」「解決策」を示す

　さて、「課題分析」というのは聞きなれない言葉だと思います。「課題分析」を言い換えると、**「自分が関心のあるテーマや社会問題の『理想』と『現状』を調べ、その『理想』と『現状』とのギャップ、すなわち『課題』が何なのかを分析すること」**です。そして、「解決策」とは、**その課題を解決するために必要なアクションのこと**です。理想と現状の両方をしっかりと調べた上で、何が課題なのか、その解決のために何をすればよいか、ということを明らかにしましょう。「課題分析」「解決策」を通して、あなた自身のキャリアプランや大学での研究すべき分野も明確になるため、「課題分析」「解決策」を考えることは非常に重要です。これらをまとめたものが次のモデルです。

　問題解決モデル

　　「理想」：自分が実現したい最高、あるいは完全な状態
　　「現状」：現在の状態、今どういう状態か
　　「課題」：理想と現状の差（ギャップ）
　　「解決策」：課題を解決するために取るアクション

　このようなモデルを見ると、世界規模の問題や時事問題を扱わなければならないと思ってしまうかもしれませんが、課題の範囲や規模を無理に大きくする必要はありません。自分の選んだ課題について、**「理想と現状をしっかりと調べ、そこから課題を見つけ、自分なりの解決策を導き出した」という思考の過程をきちんと示す**ことをめざしましょう。

　早速、「課題分析」「解決策」の要素が入った志望理由と、そうでない志望

理由をお見せします。二つの志望理由を読んでみて、どちらがよい志望理由か考えてみてください。

A

　私は虐待に悩む児童を減らしたい。そう考えたきっかけは、親からの虐待に苦しむ人たちを取材したテレビ番組を見たことだ。貴学で家庭福祉論を学び、児童相談所で働く児童福祉司となり、児童福祉司に必要な経験や知識を身につけられるような研修制度の整備に取り組みたい。

B

　私は虐待に悩む児童を減らしたい。そう考えたきっかけは、親からの虐待に苦しむ人たちを取材したテレビ番組を見たことだ。厚生労働省によると、平成30年度の児童虐待相談件数は約16万件で過去最多となった。この原因として、心理的虐待の件数の増加、警察からの通告の増加が挙げられる。しつけを名目とした児童虐待の禁止といった法改正など、改善が行われたが、児童虐待事件は増加し続けている。虐待事件の解決には児童相談所の職員である児童福祉司が重要な役割を果たしている。しかし、虐待対応、児童・保護者への援助という業務については高いスキルが必要であり、勤務年数が浅い職員も含め、すべての職員に必要な経験や知識があるとはいえない。よって、児童福祉司育成制度の整備が必要だと考える。

　そこで、貴学で家庭福祉論を学び、将来は児童福祉司になりたい。そして、児童福祉司に必要な経験や知識を身につけられるような研修制度の整備に取り組みたいと考えている。

　読み比べてみて、Bのほうが説得力があるように感じたのではないのでしょうか。Bは情報量が多く、丁寧に説明している印象を受けると思います。

　Aも「きっかけ」「キャリア」「大学での学び」の要素は入っていますね。しかしAは、

・なぜそのキャリアにつくことが課題の解決につながるのか？
・なぜそのキャリアでないと課題解決に取り組めないのか？
・なぜその大学でないとその学びができないのか？

という観点からすると、十分に説明できているとはいえません。

　一方Bは、自分の関心のあるテーマについて課題を詳しくリサーチ・分析して
あるので、そのテーマに強い関心があることが、文章を通じて伝わります。また、
「課題分析」を「解決策」と自分のめざす「キャリア」につなげて示すことがで
きています。

　「課題分析」「解決策」は大学入学後の研究テーマにも直結するため、この
パートは、志望理由書を書くプロセスにおいてとても重要なのです。

その分野について「高校生の中で一番詳しい」をめざそう

　社会の「課題分析」「解決策」を書くといっても、専門家たちが取り組んで
も簡単に解決していない問題について、高校生である自分に何が言えるだろう
か、と疑問に思うかもしれません。

　仮に、高校の課題研究などでそのテーマを扱ったり、リサーチをしたりしたと
しても、大学教授はもちろん、その分野について専門で研究している大学生
や大学院生よりも詳しくなることは現実的に難しいでしょう。

　なぜなら、高校生と大学生・研究者では、研究にかけられる時間もアクセス
できる情報量も異なるからです。さらに、調べた内容について専門的なフィー
ドバックをくれる教員などの環境が整っているわけでもありません。

　高校生が学ぶべき内容を定めた学習指導要領からしても、研究者と同じレ
ベルの専門性を求められてはいないでしょう。

　とはいえ、「高校生だし、これくらいのレベルでいいかな」と手を抜いて、簡
単なリサーチだけで済ませて課題の表面的な部分だけ書いたのでは、熱意が
伝わりません。ですから、問題に対して批判的な姿勢を持つことが重要です。
ここでいう批判的とは、相手を否定したり、非難したりする姿勢ではなく、**「論
理的に考え、情報や主張を分析し、評価する姿勢」**のことです。

「調べたら解決策が出てきたから、これでいいや」とか、「先生やAIに聞いたらこれが答えらしいから、書いておこう」という態度では、大学で学ぶ資格はないといえます。

「これが現状最適といわれている解決策らしいけど、本当だろうか?」「なぜそれらしい解決策が示されているのに、現実ではうまくいっていないのだろう?」などと、さまざまな角度から考え抜くことが重要です。

志望理由書においてめざしてほしいのは、**その分野について、高校生の中で一番詳しくなること**です。

では、「高校生の中で一番詳しい『課題分析』『解決策』」とはどんなものでしょうか? 次の例を見てください。この生徒は、東南アジアの国、東ティモールに関心を持っていました。東ティモールの経済的格差の問題を知り、言語政策の観点からリサーチを進めて書いたのが、この「課題分析」「解決策」です。

例

東ティモールは、歴史や周りを取り巻く近隣国、国際機関の影響で、ポルトガル語とテトゥン語が公用語として、インドネシア語と英語が実用語として規定されている多言語国家だ。さらには20以上の地方言語も存在する。こうした多言語社会の下で、いかにして国民統合を図るかは、国家としての政治的課題であり続け、言語政策に大きな影響を与えてきた。私は、この国の格差の原因は地方言語しか話せない人々が教育から疎外されていることにあるのではないかという仮説を立て、各言語の使用頻度、教育上の問題について調査した。その結果、現在地方言語しか話せない人は僅少であり、国民の多くがテトゥン語話者であった。その一方、教育は日常で使われないポルトガル語で行われ、その難しさから多くの生徒が習得困難な状況にあると判明した。さらに、本国で高給な職に就くにはポルトガル語が必要とされるにもかかわらず、話せるのはごく一部のエリートだけであり、エリートの固定化を招きかねない状況だった。したがって、格差を広げる根底の要因は多言語社会で

はなく、教育・就業で必要な言語と日常生活で必要となる言語
の<ruby>乖離<rt>かい り</rt></ruby>である、つまり言語の分断であると気づいた。この気づ
きがこの国を研究する動機であり、喫緊の問題は教授言語問題
→教える際に使われる言語のこと
と考える理由だ。

　興味を持ったテーマについて、概要を示した後、自分の仮説に基づいて調
べた過程を書けています。最終的に最初の仮説よりも一歩踏み込んだ問題点
にたどり着けたことを示せていますね。

　「こんなすごい文章書けないよ…」と不安に思った人は安心してください。こ
の後、**テーマの理想と現状をデータで示すためのリサーチの方法**と、ステップ
ごとのワークで**文章にまとめる方法**とをしっかりお伝えします。

社会問題の理想と現状をデータで示せるようにリサーチしよう

いくつかの例を見てもらったので、「課題分析」「解決策」のパートに書く内容はなんとなくイメージできたと思います。このパートでは、**どのような理想状態が考えられて、今がどのような状態なのかを、データを用いて客観的に示す必要がある**のです。データにしっかりと裏づけられている志望理由は説得力が増します。逆にそこが間違っていると、一気に説得力は失われてしまいます。

したがって、このパートは他の要素よりも客観性（誰が見ても正しいと言えること）を確保することが大切になります。

ここからは、そのためのデータ集め、すなわち**情報収集に必要なリサーチの方法**について学んでいきます。

みなさんも学校の授業で「調べ学習」はしたことがあると思いますが、人によって習ったことや覚えていることは違いますので、一から説明していきますね。

では、具体的なリサーチの方法のポイントを挙げておきましょう。

リサーチの方法のポイント

- ・検索エンジンで軽く調べてわかった気になってはダメ！
- ・メディア（情報媒体）によって、情報の正確さと速さが異なる
  - →うまく使いこなすにはコツがある
- ・まだ知識の形にまとまっていない生の情報もある

ということです。

▶検索エンジンで軽く調べてわかった気になってはダメ！

　今まで指導してきた生徒さんの中で非常に多かったのが、「○○について調べてみよう」というと、Google や Yahoo! などの検索エンジンで「○○」と入力し、一番上に出てきたサイトの情報を答える、というパターンです。

　これでは他の人と同じ情報しか得られませんし、そもそもその情報が正しいかどうかもわかりません。

　検索エンジンからおすすめされたものだけで満足するのではなく、キーワードを変えて検索し直したり、論文を調べられるサイトを活用したり、英語などの他言語で検索したりして、**テーマについて深掘りし、事実かどうかをしっかり確認することが必要です。**

　ネットに載っている情報は膨大ですが、**ネットの情報だけでリサーチを完結させるのではなく、図書館なども活用し、書籍など他の媒体からも情報を得るようにしましょう。**

▶Google 検索の基本

1.単語ベースで検索

　検索枠には文章を打ち込むのではなく、単語ベースで検索をしよう。

　AND検索→両方の語句を含むウェブページを表示してくれる検索方法

　やり方：単語と単語の間にスペースを入れる。

　例　×「小論文でオススメの参考書」

　　　○「小論文　オススメ　参考書」

　　　→基本的に助詞は使わない！

2.○○とは検索

　その語句の定義を知りたかったら、「単語＋とは」で調べるとよい。

　例　「評定平均とは」

　書籍、新聞、論文、ネットのニュースサイト、ＳＮＳ、動画サイトなどの媒体はそれぞれ速報性（その情報がどれだけ最新のものか）と信頼性が異なります。

　例えば「**書籍**」は、信頼性は高いですが速報性には欠けます。反対に、ＳＮＳで入手できる情報は速報性はあるけれども信頼性に欠けることが多いというのは、みなさんの実感としてもわかりやすいのではないでしょうか。

　また、「**ネットのニュースサイト**」は速報性がありますが、運営している機関によっては信頼性が低いこともあるので注意が必要です。

　では、「**学術論文**」はというと、査読といって、その分野の専門家が内容をチェックしているので、信頼性が保たれているといえます。また、学術論文は書籍に比べると、速報性もあります。

　このように、**情報の速報性と信頼性が異なる媒体をそれぞれうまく使い分けて活用する**必要があります。

　志望理由書を書く際のリサーチには、信頼性の高いものを利用するのが基本です。ですから、ニュースサイトの記事や学術論文など、速報性の高いものも組み合わせましょう。また、検索して最初に出てきた情報をそのまま使ってしまうのではなく、

・**複数の媒体で真偽をチェックすること**
・**より新しい情報が存在しないかをチェックすること**
を忘れずに行いましょう。

▶学術論文の調べ方

　インターネットでは、CiNii（サイニィ）やGoogleスカラーなどのサイトで学術論文の検索ができます。

　例えば、東ティモールについて調べたい場合、Google検索でも「東ティモールが多言語国家である」という情報は得られるでしょう、しかし、「課題分析」のためには、さらにもう一歩踏み込んだ情報が必要です。

　学術論文を検索することで、その分野の研究者たちが今問題としていることが何なのか、何が解決していて、どんな課題が未解決なのかがわかります。

つまり、論文検索によって、その分野の最新の状況がわかるわけです。「東ティモール　貧困」「東ティモール　言語」など、キーワードを加えて検索していくと、より精度を高めることができると思います。

　図書館では、司書さんの**レファレンスサービス**を受けることもできます。具体的な書名がわかっていなくても、調べたいテーマがある程度具体的に固まっていたら、「○○について調べたいのですが、どんな資料がありますか?」などという形で質問してみるとよいでしょう。自分で検索するだけでは見つけられなかった資料を紹介してもらえる可能性もあります。また、司書さんと対話する中で、調べたい内容が自分の中で整理されて、より具体的な形になるかもしれません。

▶まだ知識の形にまとまっていない生の情報もある
　調査・研究の手段の一つに、「**フィールドワーク**」と呼ばれる方法があります。「フィールドワーク」とは、何かについて調査研究する際に、**実際の場所を訪れて、対象となるものを実際に観察して、データや情報を集めること**です。例えば、外国の文化について研究するときに現地で実際にその文化の中に身を置いて、人々を観察するというような方法です。書籍やインターネットでの調査だけでは手に入れられないような生の情報を得ることができるわけです。志望理由書を書くために外国まで行くことはなかなか難しいと思いますが、**自分の選んだテーマに関するイベント・ボランティア・プロジェクトなどに参加**することで生きた情報を得られるでしょう。
　最も望ましいのは書籍やネットでのリサーチと、現地での情報収集を両輪で行うことです。実際に第一線で活躍している人たちにヒアリング(話を聞くこと)もできれば素晴らしいですね。
　イベント・ボランティアなどでは、高校生ならではの視点が歓迎されることもあるので、積極的に参加してみてください。

　ここで、フィールドワークをもとにした志望理由書の例をご紹介しましょう。

　私はフィリピンで現地の人への学習支援をしている方の
ワークショップに参加し、教育が受けられない子どもが多いこ
となどの、貧困の状態に衝撃を受けた。そこで、どうにかして
解決したいと思い、フィリピンでのフィールドワークへの参加
を決意した。実際に現地へ行き、スラム街の住人たちに話を伺っ
たところ、フィリピンでは輸出入を増やすため、港を新しく建
てた結果、お金がない者は家を失い、多くがスラム街の住人と
なったそうだ。普段我々が口にする食べ物などにもフィリピン
からの輸入品は含まれている。だから、彼らの貧困は我々にも
関係あると知り、彼らだけで解決すべき問題ではないと、責任
を感じた。当初はこれらの解決策として、物資を送るなどの支
援が適切だと考えていた。しかし、本当にこの支援が彼らを助
けるのかという葛藤があり、私を深く悩ませた。例えば、食べ
物を送ることは、一時的には飢餓で苦しんでいる人の助けにな
る。しかし、この方法で彼らを救おうとすると、継続的に行う
必要がある。場合によってはこちらが支援できなくなる可能性
もある。物資を送ることだけで本当に貧困は解決するのか、悩
み考えている中、現地の人や、他の参加者たちと議論し、改め
て考えるうちに、この考えは適切とはいえないことに気づいた。
効果的な支援とは、一時的な金銭的・物質的な支援だけではな
く、彼ら自身を発展させるための知識や技術を教え、自立させ
ることである。具体的には、職業訓練制度や職業訓練中の支援
制度が求められていることがわかった。

　自分が実際に行動し、見聞きしたことによって得られた情報ならではの内容
が、書けていると思いませんか?

リサーチをもとに、問題解決のために何ができるかを考えよう

　それでは、リサーチの基本をお伝えしたので、ここからは六つの**STEP**に分けて、「課題分析」「解決策」をどうやって書いていけばよいかを解説していきます。また、これから出てくる例は文章の形になっていますが、各**STEP**で作るメモは箇条書きでも構いません。

STEP1　まずは、理想状態を考えよう。自分の関心のあるテーマや学問領域について、どのような状況が理想かを書こう。

　あなた個人の理想でもよいですが、**できるだけ社会として求められている状態を意識して書きましょう**。

　ポイントは、**できるだけ主観を減らし、リサーチした数値などをもとに具体的に書く**ことです。

　5W1Hを意識して書くことも重要です。5W1Hは、「When：いつ」「Where：どこで」「Who：だれが」「What：何を」「Why：なぜ」「How：どのように」をまとめて表す言葉で、これらを意識して書くと文章がわかりやすくなります。

例　日本から流出する海洋プラスチックゴミの量を年間1万トンまで減らしたい。

次に、現状を書こう。

　理想状態で挙げた項目について、現状どのようになっているのかをリサーチして書きましょう。できるだけ数値ベースで書くようにしましょう。

例 日本から流出する海洋プラスチックゴミの量は年間2〜6万トンと推計されている。

STEP 3 理想と現状をふまえて、課題を考えてみよう。

　現状のまま何もしなくても理想にたどりつけるでしょうか。どうもそうではなさそうなケースが多いことでしょう。そこで、理想と現状が乖離（かいり）している原因を考え、課題を明らかにしましょう。原因や課題は複数挙げても構いません。

例 ・海洋ゴミの多くは街のゴミが海に流れ出たものであるという啓発が足りない。

　　・海洋プラスチックゴミの管理が行き届いていない。

(STEP 4) 課題の解決策の案を考えてみよう。

　まずは質より量です。たくさん解決策の案を出しましょう。

例　・海中で分解できる生分解性プラスチックに変える。←これに絞る

　　・プラスチック以外のものから製品を作る。

　　・啓発することを目的とする会社を作る。

　　・メディアを使って啓発する。

　　・大型船ですべての海洋ゴミを回収する。

(STEP 5) 前の **STEP** で出した解決策が実現する可能性を考えよう。

　「解決策」の候補の中には「そんなことができたら苦労しない」「明らかに現実的でない」といったものもあると思います。それらを削除してどれか一つに絞り込みましょう。うまく絞り込めなければ、前の **STEP** に戻ってやり直しましょう。

例　海中で分解できる生分解性プラスチックの開発、実用化を進める。

次の文例の □□□ に入る言葉を考えて、「課題分析」「解決策」の
文章を仮に作ってみよう。

［理想］という状態を実現したい。
現状が［現状］となっているのは、［課題］が原因である。
そのため、［解決策］が有効であると考えている。

> ［空欄の記入欄］

▼NG例と合格レベルの例を見てみよう 課題分析 解決策

それでは、「課題分析」「解決策」のパートでよくあるミスを見ていきましょう。

NG例1

　　　子どもの教育格差をなくすために、教員の採用基準
を高くすべきである。教育格差は、学校の先生が理解度の低い
生徒をしっかりとフォローできていないことが原因のため、ス
キルの高い教員を採用できるようにする必要があると考える。

──▶この例の問題点は、事実誤認の可能性があるということです。「教員が
フォローできていない」という事象を実際に目の当たりにしたのかもしれません
が、一般的な教育格差の原因として挙げるには根拠が不十分です。自分の経
験から感じたことを主観的に書くだけではいけません。

NG例2　　少子高齢化に伴う労働力不足の問題について、日本
ではさまざまな可能性を考慮に入れ、柔軟に対応しつつ現実可
能な政策を行う必要がある。そのために○○大学で移民政策に
ついて学んで知識を深めたい。

──▶「少子高齢化による労働力不足」について、「理想」「現状」「課題」の
いずれもきちんと書けていませんね。「課題分析」をないがしろにしてしまった
ため、「理想」を具体的に示すことができておらず、「現状」も見えず、「課題」
が何なのかよくわからないままになっています。このように、「わからないから
大学で学ぶ」とまとめて、ごまかしてしまっている例は多いので、注意が必要
です。

　次に、合格レベルの例を見ていきましょう。

合格例1　　アメリカでは、演劇により自己効力感や協調性を高
められると考えられているため、多くの教育現場で演劇が取り
入れられている。しかし、日本では単なる芸術というイメージ
が強いため、青少年が演劇に触れることは少なく、演劇によっ
て社会を生き抜く人間力が備わることは評価されていない。そ
こで、私はその固定観念を払拭するために、舞台演劇を作るプ
ロセスが自己効力感や協調性などの面で人に与える影響を科学
的に立証し、舞台演劇を教育現場などの多様な場所に普及させ
たい。

──▶リサーチをもとに、日米の文化教育の比較ができています。海外との比較

を用いると、現実的な「解決策」がいくらか書きやすいかもしれません。

合格例2　　経営上の課題を解決する上で、法律の知識は必要不可欠だが、それだけでは不十分である。日本能率協会の調査では、経営者の悩みとして、収益・人材・会社再建・課税などが挙げられていた。また、経営者は多くの悩みを抱えているにもかかわらず、そのほとんどは専門家に相談しないことが明らかになった。私は、その理由は2点あると考える。1点目は、金銭的な問題である。各分野の専門家をすべて雇うには莫大な費用が必要となる。2点目は、専門家に対する不信感が強いことだ。顧問先企業の抱える問題を深く理解していない専門家が多いため、実現不可能な助言をすることがあるためである。また、大抵の悩みは複数の専門分野が絡んでいるにもかかわらず、各専門家が専門とする特定の分野の助言しか受けることができないことが多い。実際、日本弁護士連合会の調査によると、こうしたことが原因で経営者は相談をしにくい現状にある。

　　私は、このような現状を解決するため、法務に限らず、中小企業が抱える問題すべての相談に応じることができる「総合専門医的弁護士」になりたいと考える。顧問先企業の経営状況を熟知しており、どの分野にも対応できる弁護士であれば、経営者も安心して相談することができるだろう。経営者は、このような専門家を必要としている。実際に海外で企業法務を行っている弁護士は、経営や会計などの専門知識を有している場合が多い。現在、多くの中小企業に中小企業診断士や税理士が顧問として存在するが、これらの専門家は法律知識に乏しい場合が多い。また、弁護士でなければ法律業務を行うことはできない。

──▶感覚的な議論になりがちな「相談しにくい」という問題について客観的なデータをしっかりと示すことができています。

「解決策」をさらにレベルアップさせよう

ここまでのステップで、理想に向けて「どのようなアクションを取ればよいのか?」を提案できたと思います。では、さらによい志望理由書に仕上げるにはどうすればよいでしょうか。

ここでは、**課題が解決できない原因をさらに深掘りして探る**ことで、よりよい志望理由書にしていく二つの方法を以下に伝授します。

▶(1) 現実にすでに行われている施策の比較検討を行う

リサーチの方法を応用して、施策の比較検討をしてみましょう。課題を分析してすぐに思いつくような解決策を出すのではなく、**実際に行われている施策をしっかりと調べ、うまくいっている点、改善の余地がある点を把握**しましょう。すでに行われた施策の報告書を参考にするだけでなく、中止になった計画も、中止の理由がわかると参考になります。日本に限らず、海外でも同じような施策が行われていないかなども調べられるとよいでしょう。

▶(2) 実際の活動に参加して精度を上げる

既存の事例のリサーチで深掘りして、さらにレベルアップさせることもできます。それには、**実際にその問題に最前線で取り組んでいる方にヒアリングをしたり、自らもそのために活動したりしてみるのがよいでしょう。**実際に取り組むことで、最も密度の濃い情報を手に入れることができます。また、実際に自分が活動したことを書くと、大学側に自分の熱意をアピールすることもできます。

このようなヒアリング活動では、会社やNPOなどに所属する社会人の方と接することになります。リサーチに協力してもらえることになったら、事前準備をしっかりして臨みましょう。調べればすぐわかることを質問して、限られた時間を無駄にすることがないように、下調べをして、質問を複数用意しておくとよいでしょう。事前の連絡や当日のお礼・挨拶も忘れないようにしましょう。

絶対に社会問題にふれなければ ならないの？─「学問追究型」の志望理由

社会問題と聞くと、「意識が高いな」「そんなたいそうなものに関わる夢は持っていないな」と思うかもしれません。社会問題について絶対に志望理由書に入れなければならないのか気になっている人も多いと思います。結論から言うと絶対ではありません。ただ、そのテーマについて真剣に考えていくと、社会的な意義や、人類共通の課題を扱うことになりやすいという傾向はあります。社会に関わらない、あるいは社会の役に立たないような課題を取り上げるほうがかえって難しいかもしれません。

大学が社会貢献できる人物を育成する場所かどうかは意見の分かれるところだとはいえ、現在のほとんどの大学の意義、すなわちディプロマポリシーには、大学で培った能力や知見を社会にどのように還元するかが書かれています。

したがって、「課題分析」「解決策」のパートをしっかり書くことは、間接的にではありますが、自分が社会にどのような価値を生み出したいのか、どのように他者と関わりたいのかを考えることにつながるため、社会問題にふれることには大きな意義があると思います。

ただ、学問分野の中には「社会に今すぐ役に立つ」ことに重きを置かないものもあります。志望する学問分野の特性ゆえに、自分の志望理由を社会問題になかなかつなげられなくても不安になる必要はありません。

例えば人文系（哲学、歴史、文学）や理学系などで、**真理の探究をしたい人、すなわち「これってどうなっているんだろう」ということを研究したい人は、社会問題の「課題解決」について無理に書く必要はありません。自分が何について研究したいかを、先行研究や自分が今理解していることと合わせて記述し、アピールしましょう。**リサーチの過程やデータを適切に示すことを通じて、真理を探究する適性を示すことができると思います。

以下が学問追究型の志望理由の例です。

例

　私はコンゴのサプールに注目し、ファッションが人にどの
ような影響を与えるかを明らかにしたいと考えている。高校○
年生のとき、私はサプールの展覧会を訪れた。コンゴの平均月
収は日本円に換算して約2万5000円と世界最貧国の一つで
ある。しかし、サプールは月収の何倍にも及ぶ高級なブランド
スーツを何着も所有している。そして、彼らは平日は働きづめ
で休日にお洒落をして町に繰り出す。私自身も服に関心がある
ため、他者からよく見られたいという理由からアルバイトで稼
いだ給料のほとんどを服に消費する。しかしサプールは違った。
彼らは着飾ることで、「服が汚れるから戦わない」と独自の倫
理観のもと平和を望むメッセージの発信を大きな目的としてい
る。そのため、サプールは外見同様にエレガントな紳士である
ことが重要視されており、歩き方、目線、すべての行動に神経
を使う。彼らは決して武器を持たず、暴力も振るわない。展覧
会を通じて、私はサプールが平和を願うために着飾り紳士を装
う姿勢に強く惹かれた。それと同時に、人間はファッションに
よって役割を与えられると考えるようになった。この考えを大
学4年間の中で研究し、ファッションが人に及ぼす影響を明確
にする。そのために私が貴学部で学びたいことは大きく分けて
二つある。

　まず、言語と文化を学びたい。第二言語でフランス語を履修
し、交換留学という形でサプールの原点かつ目標であるフラン
スに留学する。そして、サプールがフランスに憧れる由縁につ
いて、フランス人とコンゴ人の多くが信仰するキリスト教の講
義や、コンゴがフランスの植民地だった時代の歴史学の研究な
どを通じて多角的な視点で発見していきたい。また、フランス
での人との出会いを通じて座学では習得できない体験をし新た
な知識と経験を得たい。そして、これらの学びを発展させた後、
私は芸術を学びたい。芸術を学ぶことはアートに関する知識だ

けでなく心理学、歴史学、文学、倫理学など幅広い学問に結び
つきがあると考えるためである。ゆえに、サプールの原点であ
るフランスがサプールに与えた影響をあらゆる学問から多角的
に学びたい。そのために貴学の○○教授のゼミに参加し、フラ
ンス芸術に着目して学ぶことを希望している。私はゼミ内での
研究やその後の留学を通じて、なぜ、コンゴ人がフランス人に
憧れ、着飾ることで平和のメッセージを発信しようと考えたの
かを探求する。また、私自身もフランス文学や哲学の視点から、
服を着る意義を見出したい。

　貴学部では社会や文化の多岐にわたるさまざまな学問の基礎
を横断して学んだ上で、専門知識の習得をめざしたい。この方
針は、私がファッションを楽しむ中で最も重要視していること
と重なる。アイテム一つ一つの歴史や使用用途を学び別々のス
タイルを組み合わせることで、自己のスタイルを確立していく。
以上の点から、貴学部の教育方針と私の姿勢は親和性が高いと
考えられる。

　そこで、私は貴学部でファッションの影響力についての学び
を主軸にさまざまな学問と混ぜ合わせることで、オリジナリ
ティのある学びを深めていきたい。

　以上の理由から、私は○○大学文学部国際文化学科を強く志
望する。

4日目

志望理由書に必要な要素を
理解しよう 3

志望理由書に必要な五つの要素のうち、
次は「キャリア」「大学での学び」を書きます。
大学入学後・大学卒業後の具体的なプランの
立て方を説明します。

大学を卒業した後、何をするのか 具体的に書いてみよう `キャリア`

大学卒業後のキャリアをシミュレーションしよう

　3日目では、自分の関心のあるテーマについて、理想と現状をリサーチし、課題を分析しました。さらに、その課題を解決するための「解決策」を考えて文章にしましたね。次はその「解決策」の実現のために自分が何をしていくべきかということをシミュレーションしていきましょう。まずは、**大学を卒業した後に何をするか**、すなわち「**キャリア**」を考えてもらいます。この章の後半の、「**大学での学び**」のパートとも直結します。

　「キャリア」と聞くと、みなさんは何を想像しますか？　なんとなく「どんな仕事をするか、どんな職業に就くかってことかな？」と考えた人も多いかもしれませんね。「キャリア」といったとき、「どんな職業に就くか？」ということも重要ですが、志望理由書においては、

・どのように「解決策」や「理想」を実現していくのか？
・あなたがどのように生きていくのか？

ということを指すので、必ずしも具体的な職業に絞って書かなくても大丈夫です。

　今の段階では、大学卒業後の進路まで具体的に決めていない人も多いと思います。また、今後、やりたいことが現在考えていることと変わったとしても、一つのプランを具体的に細かくシミュレーションしてみることで、その後につながる知識が身につけられるので、この機会に考えてみてください。

　また、この「キャリア」のパートは、考えた量と実際に文章に書く量とのギャップが最も大きくなるパートです。ただ、書類には書かなかったことでも面接で聞かれることも多いので、考えたことは無駄にはなりません。

▶「キャリア」の書き方の例を見てみよう

　以下に、志望理由書の「キャリア」にあたる部分の例を二つお見せします。二つを読んでみて、どちらがよい志望理由か考えてみてください。

A　　大学卒業後、実務経験を積み大学院に進学する。その後、国連に入る。

B　　大学卒業後、国際ＮＧＯに入り、△△で難民支援の駐在を行う。その後、アメリカの○○大学の大学院に進学し開発経済を専攻し、国連開発計画（ＵＮＤＰ）でアフリカの女性の貧困についての支援を行いたい。

　より伝わりやすいのはＢであることは、おわかりだと思います。

　Ａも職業の提示まではできていますが、「その後あなたがどのようにその解決策を実行していくのか？」「具体的にどのようなキャリアを歩んでいくのか」ということが見えてきません。

　Ｂのように大学卒業後の将来像やキャリアプランを具体的に書くことで、問題に取り組む姿勢がアピールでき、大学で学ぶ必要性の説得力を持たせることができるのです。

　ポイントは、**できるだけ細かく具体的に考えること**です。「未確定なことを書いてもいいのかな？」「計画が変わったらどうしよう」などと気にしなくて大丈夫です。具体的に「どうしたら解決策を実現できるのか？」とシミュレーションしてみることで、ぼんやりとしていた自分の考えが形になっていきます。**さらに、具体的にどんな行動をとりたいかをしっかりと書くことによって、読み手にやりたいことが伝わりやすくなります。**

　また、書きながら、自分のキャリアプランがどうもしっくりこないと感じたら「解決のための別のアプローチがないか？」「他にはどんな職業や進路があるか？」、再度リサーチした上で検討して、軌道修正することもできます。まずはとにかく、具体的なキャリアプランを書いてみることが大切です。

もし今後キャリアビジョンが変わってしまったとしても、一度細部まで考え たことが役立つはずです。

▶大学卒業後の「キャリア」を書いてみよう

(STEP 1) 3日目で考えた「解決策」を実行する際に必要となる、知識・能力・ 経験を書き出してみよう。
　開発途上国の貧困に対する解決策として、コーヒー豆のフェアトレードを考 えた例です。
例　1.　フェアトレードに関する知識
　　2.　扱う商材 (コーヒー豆) に関する知識
　　3.　その国・地域に実際に行ったことがあるという経験
　　4.　会社設立に関する知識
　　5.　リーダシップをとった経験、能力←選んだのはこれ!
　　6.　語学力 (英語、現地の言語)

(STEP 2) 前の**STEP**で挙げた中で、すでに自分が手に入れている知識・能力・ 経験をチェックしよう。
例　5.　リーダシップをとった経験、能力

（記入欄）

(STEP 3) これから習得していくべき知識や経験を、時系列に考えてみよう。

・在学中

　例　語学力（英語、現地の言語）をアップする。

　※在学中に習得するものについては、「大学での学び」のパート（p.74〜84）

　　でより詳しく考えます。

・大学卒業直後

　例　チョコレートのフェアトレードを行っている会社に入社する。

・大学卒業後5年

　例　現地での生産管理リーダーになる。

　　　コーヒー豆の生産支援ボランティアも同時に行う。

・大学卒業後10年

　例　独立して自分の会社でコーヒー豆の取引を行う。

（記入欄）

イメージがわかない場合は、ロールモデル（自分にとって模範となる行動や考えの人物）を参考に考えてみましょう。その際は、その人物のキャリアと全く同じにならないように注意します。

例 ・学生時代にカカオのフェアトレードで起業した○○さん
　　・ＮＧＯで貧困支援を行っている△△さん

STEP 4　「大学院に進学する」のか、「就職する」のかを明らかにしよう。

大学卒業後に「進学と就職のどちらを選ぶのか？」は大きな要素なので、必ず明確にしましょう。

例　就職する

STEP 5　次の文例の □□□□ に入る言葉を考えて、「キャリア」の文章を仮に作ってみよう。

大学卒業後、私は 職業名 となり、 解決策 に取り組みたい。

▶合格レベルの例とNG例を見てみよう

　よい「キャリア」の書き方とはどのようなものでしょうか？　実際の例を見ながら解説していきます。

合格例1

　私は、相談者の方々の心に寄り添い問題の本質を見つけられる社会福祉士となり、障がいがある人の手助けをしたい。

──▶具体的な職業名が書けています。また、その職業に就いてどんなことがしたいかも、しっかり伝わるように書けています。

　この後に書く「大学での学び」のパート（→p.74〜84）も、ここで示した職業名ややりたいことを起点に、取得すべき資格や大学で学ぶ内容が具体的に定まってくるでしょう。

合格例2　消費者に○○（商品名）の魅力を伝えるため、将来は
事業会社◎◎における商品企画担当として活動したい。

───▶消費者に○○（商品名）の魅力を伝えたいという思いがあること、商品企画に興味があるということがわかります。「◎◎会社で勤務したい」だけでは具体的なイメージがわきませんが、部署レベルでやりたいことが書けていることで、熱意を伝えることができています。

　具体的な企業名を書く場合は、どうしてもその企業でしか実現できないことがある場合にしましょう。あまりにも就職先を限定してしまうと、面接で詳しく聞かれたときなどに必然性が説明しにくくなります。

　反対に、ありがちな「キャリア」の書き方のNG例とは、どのようなものでしょうか？　実際の例を見ながら解説していきましょう。

NG例1　児童虐待の解決のために行政との連携が必要だ。そ
のために、福祉を学びたい。

───▶キャリアをそもそも具体的に書いていません。「あなたがどうするのか？」が書けていないと、ただのレポートになってしまいます。

NG例2　社会起業家として、経済格差の解消に貢献したい。

───▶「どんな事業をして、どんな課題を解決したいのか？」が具体的に書かれていません。卒業後どのようなアクションを取って理想の実現に近づこうと考えているのかが見えないので、キャリアプランの検討不足と受け止められてしまうかもしれません。

NG例3　理学療法士になり嚥下機能に障害にある方の支援を

行いたい。

——▶嚥下機能に障害がある方へのサポートは、理学療法士ではなく言語聴覚士の専門領域です。「嚥下機能に障害がある方への支援を行いたい」と、職業名もやりたいことは具体的に書けているのですが、職業名を間違えてしまっているとリサーチが不十分なことが丸わかりになってしまいます。ちょっとしたミスで、やる気すら疑われてしまうかもしれません。

　医療に限らず、専門資格や職業ごとの特性や専門性を理解した上で書くようにしましょう。

大学4年間で学びたいことを具体的に書こう

　志望理由書に必要な五つの要素の、最後の一つです。「大学での学び」の
パートには、**「大学入学後に、どんなことを、どのように学びたいのか?」**とい
うプランを書きます。これを「学修計画」と呼びます。

　早速、以下に二つの「大学での学び」のパートの例を用意しました。どちら
のほうがよいか考えてみてください。具体的に「学修計画」が書かれているか
に注目してくださいね。

A
　　貧困地域に継続的な支援をするために、ＮＰＯ法人で働き
たいと考えている。貴学では、開発経済学を学びたい。よって、
貴学への進学を希望する。

B
　　貧困地域に継続的な支援をするために、ＮＰＯ法人で働き
たいと考えている。1年次には初年次ゼミでレポートの書き方
や、経済学についての基礎知識を身につける。2年次には開発
社会学を受講し、途上国の歴史や社会的背景を学ぶ。3年次に
は開発経済学を受講することで途上国の貧困の原因や特質を明
らかにする方法を学び、途上国の状況に合わせ対応できるよう
にする。3・4年次は開発経済学の○○ゼミに参加することで、
途上国開発についての専門的な知識を、グループワークを通し
て身につけたい。よって、貴学への進学を希望する。

より伝わりやすいのは、Bのほうでしょう。

「○○学を学びたい」だけだと、「うちの大学でなくても学べるのでは?」という感想を抱かれてしまうかもしれません。もっと言えば、「わざわざ大学に入らなくても、本を読めば自分でも学ぶことができるのでは?」「就職して現場で実践を通じて学べばいいのでは?」というツッコミが入る余地もあります。

学修計画では、「大学4年間を通じてどのように学修をするのか?」「自分は専門的に何を学びたいのか?」ということを書きます。

このパートでは、**具体的な学修計画を示すことで、あなたのその大学で学びたいという思いの真剣さを伝える**必要があります。
・**自分が学びたいことと、この大学・学部で学べることが、いかにマッチしているのか**
・**なぜ他の大学・学部ではダメなのか**
ということを説明しなければなりません。大学に進学したことがない段階で、そういったことまで考えるのは大変ですが、**大学が公表しているシラバス(授業計画)や公式サイトの情報**などをもとに書きましょう。シラバスとは、大学が学生に示す「授業計画」のこと。講義の内容やスケジュール、または成績の評価の方法などが詳しくまとめられているものです。卒業論文のテーマを決めるくらいの心持ちで考えてみるとよいでしょう(もちろん、志望理由の中に卒論のテーマを書くことは必須ではありません)。

▶「大学での学び」に教授名(教員名)を書いても問題ないか
志望理由書の書き方の指導をしていて、「教授名を入れてはいけないと言われたけど、どう書けばよいか?」ということをよく聞かれます。高校や塾の先生、あるいは書籍の中でそのように指導することもあるようです。
私の結論としては、
・**ゼミや研究室など専門で学ぶものに関しては、よく調べた上で書く**
・**授業に関しては、いちいち教授名を書かない**
ということをすすめています。

前提として押さえてほしいのは

○ 教授名（教員名）を書くことが大事なのではなく、具体的にゼミや研究室単位での学びまでシミュレーションできているかが重要である

○ 受験生が完全にその教授（教員）の研究内容を理解することは難しい

ということです。

その点では「安易に教授名（教員名）を書くな」という主張にも一理あると言えます。以下の三つの例を見てください。

NG例　　2年生からは○○先生のゼミで学びたい。

よい例1　　2年生からは○○ゼミに入り、開発経済学を専門的に学びたい。

よい例2　　2年生からは開発経済学を学ぶゼミに入り、専門性を高めることをめざす。

NG例には、教授名は入っていますが、何を学びたいかが具体的に伝わりませんね。

一方、よい例1やよい例2は、何を学びたいかが伝わってきます。よい例2は、教授名が入ってなくても学びたいことを伝える文が成り立っていますね。

避けてほしいのは、

1. サイトから適当に教授名・教員名を選んで書く
2. ゼミを受け持ってない教授・教員の名前を書く
3. ゼミで扱っていない、教授・教員の専門分野に関して言及する

ということです。

2.を回避するためには、現在その先生のゼミが開かれているかをきちんと確

認しましょう（なお、ゼミはシラバスでは「演習」という名前になっていることが多いです）。

　3.については、もちろん、ゼミで扱っていない分野について指導してもらえる可能性もあるのですが、学部生が扱える範囲を超えている可能性もあります。せっかく調べて書いたことが的外れになってしまうともったいないので、注意するようにしましょう。

　また、説明会や公式サイトなどに教授名を書かないようにと明確な指示がある場合は、それに従ってください。

▶「大学での学び」を書いてみよう

（ **STEP 1** ）どの大学・学部・学科・コース専攻にするか決めよう。
例　○○大学国際学部

（ **STEP 2** ）大学のカリキュラム、設備、プログラム、建学の精神について調べてみよう。

　入学するのがその大学でなければならない理由につなげることを意識しましょう。

・学部・学科のカリキュラム（ここでは学部ごとに決められているものを指します。）
　　例　2年次から必修の交換留学が必須である。
・第二外国語の選択肢
　　例　中国語・韓国語・フランス語・イタリア語・ドイツ語・スペイン語・ロシア語
・全学プログラム（その大学において共通のプログラムを指します。）
　　例　副専攻制度がある。

・設備

　例　・ラーニングコモンズが24時間活用できる。

　　　・文学部図書館にフランス語の資料蔵書が多い。

・建学の精神

　例　社会に貢献できる、真摯で実直な人を育てる。

STEP 3　年次ごと（できれば前期・後期やクォーターごと）に、受講する授業を決めよう。

　文系の場合はゼミ（演習）、理系の場合は研究室という名前のことが多いですが、どの教授・教員の下で学びたいかを決めましょう。すべて書いていると間延びしてしまうので、特に専門分野や自分のやりたいことと関係する授業、カリキュラムに絞って文章化しましょう。

　必修科目（授業、演習、卒業論文）や必修の実習についても、この**STEP**で確認しておきましょう。必修であるということは、カリキュラム設計上、必要

性が認められているということでもあります。

例　1年前期　第二外国語でフランス語を専攻 (2年後期まで)、基礎ゼミを授業、
　　　　　　　教養科目中心に履修

　　1年後期　留学の学内専攻に応募、専門科目 (入門) を履修

　　2年前期　交換留学 (フランス)

　　2年後期　交換留学 (フランス)

　　3年前期　○○教授のゼミに参加

　　3年後期　卒論以外の単位取得完了

　　4年前期　卒業論文執筆開始 (テーマ「○○○○」)

　　4年後期　卒業論文

次の文例の □□□ に入る言葉を考えて、「大学での学び」の文章を仮に作ってみよう。

　大学入学後、1年次で 授業名 を受講し、2年次では カリキュラム に参加し □□□ したい。3年次からは □□□ 教授のゼミで □□□ について研究し、4年次の卒業論文では □□□ というテーマについてまとめたい。

▼NG例と合格レベルの例を見てみよう

　ここからは、志望理由書の「大学での学び」のパートの実例を見ながら解説したいと思います。

NG例1
　大学では、マクロ経済学の授業を受講し、世界経済を俯瞰的に理解する。開発経済学の授業では、途上国の貧困の原因や特質を究明したい。

──→上の例がよくない理由は、分量が少ないことではありません。授業名を並

べるだけで、それが**どのように自分のやりたいことにつながっているかを説明できていない**からです。また、授業は基本的に半年か、長くても一年しかありません。その授業だけでは、その学問領域をマスターすることはおよそ不可能なので、もっと具体的に掘り下げなければ、説得力に欠けてしまいます。

> **NG例2**
>
> 看護師になるために、○○大学に進学し、3年次に実習に行き国家資格の取得をめざしたい。

──▶上の例は、なぜ、他の大学ではなくてこの大学で看護師になるために学びたいのかが書けていません。さらに、資格取得が目的ならば、大学以外にも専門学校という選択肢があります。**資格を取得する以外に、この大学でどんな学びをしたいのか、それが「看護師になる」ことにどう結びつくのかを示す必要があるでしょう。**

次に合格例を見ていきましょう。

> **合格例1**
>
> 入学後はまず、言語と文化を学びたい。第二言語でフランス語を履修し、交換留学という形でサプールの原点かつ目標であるフランスに留学する。そして、サプールがフランスに憧れる由縁について、フランス人とコンゴ人の多くが信仰するキリスト教の講義や、コンゴがフランスの植民地だった時代の歴史学の研究などを通じて多角的な視点で発見していきたい。また、フランスでの人との出会いを通じて座学では習得できない体験をし新たな知識と経験を得たい。そして、これらの学びを発展させた後、私は芸術を学びたい。芸術を学ぶことはアートに関する知識だけでなく心理学、歴史学、文学、倫理学など幅広い学問に結びつきがあると考えるためである。ゆえに、サプールの原点であるフランスがサプールに与えた影響をあらゆる学問から多角的に学びたい。そのために○○教授のゼミに参加し、フランス芸術に着目して学ぶことを希望している。私

はゼミ内での研究やその後の留学を通じて、なぜ、コンゴ人が
フランス人に憧れ、着飾ることで平和のメッセージを発信しよ
うと考えたのかを探究する。また、私自身もフランス文学や哲
学の視点から、服を着る意義を見出したい。

───▶ 入学後まずは言語を学んだのち、交換留学で経験を得て、さらにその後
はサプールについてさまざまな学問から多角的に学びたいという、大学での学
びのプランが書けています。また、ゼミで学びたい内容や、大学4年間を通し
て探究したいテーマも示すことができています。

合格例2　　　　ゼミでの研究と副専攻制度に積極的に取り組みたい
と考えている。金融業界の投資銀行業務に携わることを将来の
目標に設定しており、大学では株式市場や債券市場といった資
本市場の役割など、○○教授が主宰するゼミで金融論を研究し
たいからだ。そこでお金の流れと金融政策について学び、適切
な助言ができるような知識を得たい。加えて、ゼミの中では投
資銀行業務に必要なコミュニケーション力、新しい発想や視点
から企業や産業を分析する力、金融や経済の動向を正確に把握
するための洞察力などの実践的な能力も身に付けたい。さらに、
グローバル化で企業の環境変化が著しい現代社会が企業や産業
に直接的に及ぼす影響を学ぶために、副専攻制度で商学部の情
報ネットワーク論やマーケティング・マネジメントを中心に履
修したい。そして、最新の情報が企業に与える影響を把握する
力をつけることで投資銀行業務での活動に結びつけたい。

───▶ 卒業後にしたい仕事と結びつけて、しっかりと学修計画を書けていますね。
また、志望大学独自の副専攻制度を活用してどのように学ぶか、具体的なプ
ランが書けています。なぜ副専攻で学ぶ必要があるのかも伝わるように書けて
おり、この大学でないとできない学びであることを示せています。
　カリキュラムや制度についてふれる場合、全国に唯一の仕組みでなくても構

いません。近隣の、同じような学部・学科がある大学と比較したときの特徴を書ければ大丈夫です。

将来やりたいことと学問とのマッチングに注意！

今回は、学びたい学問がある程度固まっているという前提で学修計画を書く方法を解説しましたが、実際には、「将来やりたいこと」と「学びたい学問」がズレてしまっている志望理由書が多いです。

「大学での学び」を書くときは、将来やりたいことと学問とのミスマッチが起こっていないか注意しましょう。このようなズレが起こってしまう理由は、以下が考えられます。

1. 自分のやりたいことと、出願できる学部にそもそもずれがある
2. 該当の学問体系についてそもそも理解していない

まずは、「**1. 自分のやりたいことと、出願できる学部にそもそもずれがある**」についてです。自分がもともと興味のある学部に出願できればよいのですが、該当学部にそもそも募集がなかったり、自分の評定や資格が足りずに出願できなかったりということも、現実にはよく起こります。

例えば、「本当は社会学をやりたいけど、募集がないから経済学部に出願する」などという場合、「どうしてそのテーマに興味を持ったの？」「どんなことを課題と考えていて、どうやって解決したいと考えているの？」「そのために大学でどう学ぶの？」といった要素を入れて、説得力のある志望理由を書くことはかなり難しいでしょう。なんとか形だけでも整えて書いたとしても、経済学部で学びたい気持ちが強い他の受験生と比べられてしまったら、かなり不利でしょう。

そこで、対応策として、はじめは興味を持てない学部だったとしても、**カリキュラムや教授の研究テーマ等の情報から、関心を持てるテーマはないか、取り組みたいと思えるテーマはないかを探してみましょう**。遠回りに思えるかもしれませんが、本当に関心を持てるテーマを起点に、「課題分析」をして「解決策」を立て、「キャリア」「大学での学び」を考えていくほうが近道です。

次に、「**2.該当の学問体系についてそもそも理解していない**」についてです。

例えば、「英語を使う仕事に就きたいので、英文学科を志望する」などというケースがあります。英文学は、「文学を研究する学問」ですから、「ビジネス英語を身につけたい」「英会話を上達させたい」という目的で入ったら、ミスマッチになってしまいますね。ですから、**学部・学科名の印象だけで判断せずに、そこで学べることを正確に理解する必要があります。**

また、現在、大学の学部・学科の名称やそこで学べることは多様化しています。その中で**学部名の印象に引っ張られてしまい、適切な学部、学問が選択できていないというケースもあります。**

例えば、「法学部政治学科」を受験しようとしたときに「法学部」という学部名に引っ張られて、「政治学」ではなく「法学」の内容で志望理由書を書いてしまったり、心理学を学びたいと思ったときに、文学部心理学科や社会学部心理学科があるのに、心理学部がないから出願を諦めてしまったりといったケースがあります。

こうしたケースを避けるため、出願を検討する段階で、**学科やコース、教授・教員単位で「実際に学べること」をしっかりとリサーチする**ことが重要です。大学や学問の数は膨大なので大変ですが、がんばって調べるようにしましょう。

5 日目

志望理由書を仕上げよう

これまでバラバラに書いてきた五つの要素を
説得力のある志望理由書にまとめる方法を
説明します。字数・設問の異なるさまざまな
志望理由書の実例も紹介します。

> # ここまでで書いた要素を使って
> # 志望理由書を書こう

志望理由書にまとめる際に気をつけるべきこと

　志望理由書で一番大切なのは、「自分のやりたいことが矛盾なく一貫性を もって書けていて、それが志望する学部とマッチングしていること」です。

　ここまでは、「きっかけ」「課題分析」「解決策」「キャリア」「大学での学び」 という五つの要素それぞれの書き方について説明してきました。しかし、五つ の要素を一つの志望理由書として機械的にまとめただけでは、なぜか一貫性 のない文章になってしまう、ということはよくあります。大切なのは各要素それ ぞれの完成度が高いことではなく、全体として一貫性があり、あなたのやりた いことが伝わる志望理由になっているかです。この章では、**「文章全体の一貫 性があるか?」「書かれたやりたいことが学部とマッチしているか?」**ということ をチェックしつつ、文章を完成させていきましょう。

　今まで考えてきた要素を一つの文章にまとめるときに気をつけることは、3点 あります。

　　① 「書き出し」（最初）と「まとめ」（最後）の文章をどうするか
　　② 要素をどの順番で書くか
　　③ 要素と要素の繋がりの文章が不自然でないか

　では、順番に説明していきましょう。

▶ ① 「書き出し」（最初）と「まとめ」（最後）の文章をどうするか
　書き出しとなる最初の文章には、**「将来やりたいこととそのために学びたいこ と」**を短くまとめて書くとよいでしょう。

「書き出し」の型

例1　私がやりたいことは[　　　]である。そのため、[大学]で[専門分野]を学びたい。

例2　私は将来、[　　　]をしたい。そのやりたいことの実現のために、貴学で学びたい。

　最後の文章は**「大学での学び」**の**「その大学で学ぶ必要性」**を中心として、志望理由書のまとめを書いていくとよいでしょう。

「まとめ」の型

例　貴学では[理念]のもと[学び]について深く学ぶことができる。以上の理由から、私は[大学名]大学[学部名]学部を強く志望する。

▶② 要素をどの順番で書くか

　志望理由書の内容をどんな順番で書くかについては、厳密な決まりや正解はありません。ですが、この本でここまで一緒に考えてきたように、**「きっかけ」→「課題分析」→「解決策」→「キャリア」→「大学での学び」の順番で書くのがおすすめです。**

　まず、先ほど説明したように、最初の文ではあなたの**「将来やりたいこととそのために学びたいこと」**を書きましょう。

　その次に、なぜそのように考えたのかという理由（**「きっかけ」**）を説明して明らかにします。

　その後、興味のある分野における**「課題分析」**をして**「解決策」**を考えます。その解決策を実行・実現するためにどのような**「キャリア」**についてのビジョン

を描いているか、**何を大学で学ぼうと考えているか（「大学での学び」）** を述べ、最後にまとめを書きます。このように未来のことから現在に近いことに向かって記述する流れを作ることで、自然な形で伝わるように「大学で学ぶ意義」を書けると思います。

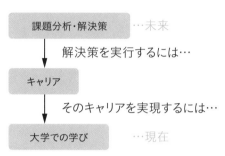

2〜4日目で、**STEP** に沿って書いてきた各要素を合わせて一つの文章にしてみましょう。ここまでの文章例をまとめたので、参考にしてください。

　私がやりたいことは◻◻◻である。そのため、[大学名]大学で[専門分野]を学びたい。

　そのきっかけは◻◻◻である。[最初の経験]

その経験から◻◻◻に気づいた。[最初の気づき・感情の動き]

その気づきから◻◻◻をした。[気づきからの行動]

そこから◻◻◻に気づいた。[新たな行動からの気づき・学び]

　そこで、[理想]という状態を実現したい。現状が[現状]となっているのは、[課題]が原因である。そのため、[解決策]が有効であると考えている。その実現のために、大学卒業後私は[職業名]となり、[解決策]に取り組みたい。

　大学入学後、1年次で[授業名]を受講し、2年次では[カリキュラム]に参加し◻◻◻したい。3年次からは◻◻◻教授のゼミで◻◻◻について研究し、4年次の卒業論文では◻◻◻というテーマについてまとめたい。

　貴学での学びは◻◻◻ため、◻◻◻大学を志望する。

では、次のメモ欄に下書きをしてみましょう。

この文章は、あなたが自分なりの志望理由書を書き上げるための準備として、型にあてはめて作った「仮の志望理由書」です。この文章はあくまで「仮」なので、そのままでは使わないでくださいね。ただ、こうして一つの文章にまとめてみることで、かなり全体のイメージがしやすくなると思います。

▶③　要素と要素のつながりが不自然でないか

　先ほどの型にあてはめても、必ずしも論理的に整合性が出るわけではありません。p.89のメモ欄に下書きを書き上げたら、最初から読み直してみて、つながり方に違和感のある場所に書き込みをして、直していってくださいね。

　特に不自然になりがちなのは、次の2点です。

1. 将来やりたいことと大学で学びたいことを述べた後の「きっかけ」部分とのつながり

2.「きっかけ」を述べた後の課題の提示部分とのつながり

　それぞれの点について、よくあるミスの例を見て、修正したものと見比べてみましょう。

　まずは、「**1. 将来やりたいことと大学で学びたいことを述べた後の『きっかけ』部分とのつながり**」の修正前の例を見てください。

修正前

　私は患者、同僚の心に寄り添える看護師になりたい。そのため、○○大学で精神看護を専門に学びたい。子どものころ長期入院したとき、看護師さんがネガティブになっていた自分にも明るく接してくれ、元気をもらえた。

──▶上の例では、「とにかく『きっかけ』を書くんだ！」ということが先行してしまい、唐突にきっかけとなったエピソードを続けてしまっています。一つの文章にまとめる際に、このような不足が生じていないか点検する必要があります。

修正後

　私は患者、同僚の心に寄り添える看護師になりたい。そのため、○○大学で精神看護を専門に学びたい。**そのように考えたきっかけは**、子どものころ長期入院したとき、看護師さんがネガティブになっていた自分にも明るく接してくれ、元気をもらえたこと**である**。

　このように、**つなぎ言葉と「きっかけ」という主語を明確に入れることで読み**

やすくなりますね。

　次に、「2.『きっかけ』を述べた後の課題の提示部分とのつながり」の修正前の例を見て、修正したものと見比べてみましょう。

修正前

　　そのように考えたきっかけは、子どものころ長期入院したとき、ネガティブになっていた自分にも明るく接してくれた看護師さんに元気をもらえたことである。看護師の業務領域には患者の心のケアも含まれる。ケアする側である看護師自身の精神状態も心のケアにおいては重要であるが、看護師は他の職業と比べて職業性ストレスが大きいとされている。そのため、患者、看護師のメンタルケアが必要だと考える。

──→　「きっかけ」と「課題分析」を、続けて同じ段落に入れてしまっているので読み手が混乱します。**「きっかけ」**は自分自身がその分野に興味を持った理由なので**主観的**なものであり、**「課題分析」**は社会の現状を分析した**客観的**な情報です。接続詞などで無理につなぐことはせず、基本的には「きっかけ」と「課題分析」の間でしっかりと**段落分け**をした上で、話題が移ったことがわかる表現を入れる工夫をしましょう。

修正後

　　そのように考えたきっかけは、子どものころ長期入院したとき、ネガティブになっていた自分にも明るく接してくれた看護師さんに元気をもらえたことである。

　　このように、看護師の業務領域には患者の心のケアも含まれるが、ケアする側である看護師自身の精神状態も心のケアにおいては重要である。さらに、看護師は他の職業と比べて職業性ストレスが大きいとされている。そのため、患者だけでなく、看護師のメンタルケアも欠かせないと考える。

このように段落分けすると、グッと読みやすくなります。

　複数の大学の出願要項を見比べてみると、志望理由書で求められる文字数が異なっていることに気づくでしょう。志望理由書といっても、大学、学部、学科によってその形態は異なります。そして、受験生は各大学の設問に合わせて書くべき要素やその量を変えていかなければなりません。文字数に応じた志望理由書の書き方を整理してみましょう。

600〜1,000字程度の文字数の場合

　人気の私立大学では、600〜1,000字程度の文字数の志望理由書が求められることが多くあります。この場合はある程度文字数に余裕があるため、**志望理由書の五つの要素である「きっかけ」「課題分析」「解決策」「キャリア」「大学での学び」**はすべて満たして書きましょう。

　まずは、次の設問と合格例を読み、それぞれの要素について、どんなことをどの程度の字数で書けばよいか、イメージをつかんでください。

設問

　本学のアドミッション・ポリシーと△△ビジョンを読んだ上で、志望理由と入学後の学習プランについて、述べてください。（800字以上1,000字以内）

（〇〇大学観光学部）

　とある大学の観光学部のものですが、オーソドックスな設問といえます。次にこの設問に対する志望理由書を見ていきますが、少し長めの文章なので、段落ごとに分けて読んでいきましょう。各段落が五つの要素や「書き出し」「まとめ」のうちのどれに対応しているかを確認しながら読んでみてください。

合格例 日本には世界に誇ることのできる文化がある。世界各国にもそれぞれの誇ることのできる文化がある。私の夢は世界中の人が他国への理解を深め、尊重し合えるようになることだ。 書き出し

━━▶書き出しで、**「将来やりたいこと」**を書くことで、文章全体のテーマがはっきりします。

高校1年生のとき留学で訪れた地、フランスで日本のよさに気づかされた。それまで海外志向だった私にとって大きな転換点となった。 きっかけ

━━▶「きっかけ」の部分には、自分が「将来やりたいこと」が見つかった理由が伝わるエピソードを書きます。

日本には相手を思いやるといった和を大事にする日本文化がある。日本にしかないよさを「当たり前」として気づかない日本の現状に悲しくなった。そして、世界中に日本のよさを伝えたいと思うようになった。この経験から「日本及び世界中の人に日本のよさを伝える」という夢を抱いた。 課題分析

━━▶「日本の魅力が国内で認識されていない」ということを課題としてとらえて、書いています（数値データなどはありませんが、その課題についての「現状」と「理想」が書けています）。

私は将来、異文化体験ができるツアーを企画・運営する企業を設立したい。具体的には、伝統工芸の体験、寺社での修行体験、ホームステイなどである。それに加えて、ツアーという形態をとることで価格を抑え、より気軽に外国人に訪問してもら

うことができると考える。解決策 キャリア

→続けて、自分の考える「理想」を実現するために、どのような**「解決策」**を考えているのか説明しています。また、「解決策」を実現するために、自分がどのような**「キャリア」**を歩みたいのかも述べています。

　しかし、私がツアーを企画し運営していくにあたり、不足している学びが主に三つあると考える。観光開発に関する知識、観光マーケティングによる集客能力、人材マネジメント能力だ。一つ目の観光開発に関する知識については、○○教授の「観光開発と計画」の授業を履修する。訪日外国人が観光しやすい環境を作ることは、観光地を作っていく上で最も重要である。二つ目の観光地マーケティングにおける集客能力については、△△教授の「観光地マーケティングとマネジメント」を受講する。それにより、世界の観光需要に応える施策の展開を考えている。加えて、あまり認知されていない観光地の魅力をより効果的に発信する。三つ目の人材マネジメント能力については、□□教授の「人材マネジメント」の授業を履修する。各地域の環境に対応できる人材を適切に配置することで、最高のツアーを提供することができる。また、貴学は国際観光プログラムの認証を取得しており、高いレベルの授業交流プログラムがあるのも魅力の一つだ。大学での学び

→**「大学での学び」**では、自分が望む**「キャリア」**を歩むために、何を学びたいと考えているのか具体的に書いています。

　このように、私が夢を実現するために必要な要素をすべて学ぶことができるのは貴学のみである。以上の理由から○○大学観光学部への入学を希望する。まとめ

「**まとめ**」では、「**大学での学び**」を中心に簡潔にまとめ直しています。この合格例では、五つの要素のつながりがわかりやすく、読みやすいですね。

よかったポイント

「**きっかけ**」「**課題分析**」「**解決策**」「**キャリア**」「**大学での学び**」という五つの要素が書けている。
五つの要素のつながりがわかりやすく書けている。

1,000字以上の多い文字数の場合

1,000字以上で志望理由書を書く場合は、五つの要素を満たしつつ、**自身の体験を深掘りし、課題に対して実践したことをより詳しく書く**ことが必要です。「どんな体験から何を思ったのか?」、その結果「何にチャレンジしたのか?」、そこから「何を得たのか?」を詳しく書いていけば、長くても上手にまとめられるはずです。

なお、1,000字以上の長めの志望理由書が求められる学部は、その大学自体の難易度が高いことが多いです。

このような大学の志望理由書では、設問の内容自体が難しい場合もありますので、何が問われているのかに注意して書いていきましょう。

次の合格例のように、**自身の体験を具体的に詳しく書く**ことを意識すると、字数が多いものでもスムーズに書けると思います。

これまでの自分の実績や集中して行ってきたことに触れながら、入学後に何をどのように学びたいのかを、2,000字程度で記入してください。

（○○大学スポーツ健康学部）

こちらは2,000字と長い志望理由なので、要素ごとに分けて説明していきます。

合格例

『スポーツと人々の生活の距離を縮め、次世代の豊かなスポーツライフを支えたい。』これは、サッカーが生活の一部にある日々を送る中で抱き続けてきた私の思いだ。私は小学生のときからサッカーを始め、どこへ行くにもサッカーボール片手に友達を作ってきた。初めての海外渡航先である○○では、『スポーツは人と人をつなげる』をまさに体感し、スポーツの持つ力に魅了されてきた。しかし現実は厳しく、中学進学時にサッカーを続ける場がないという苦境に立たされた。私の進学先のサッカー部は女子の入部を受け入れてくれず、片道一時間かかる民間クラブチームに通わざるをえなかった。私と同様、活動の場に悩みを持つ選手の助けになりたいと考え、高校三年間、学生ボランティアとして●●市サッカー協会主催の小学生女子選手育成活動に携わってきた。 書き出し きっかけ [349字]

→ **「書き出し」** では、将来実現したい社会のあり方を簡潔に述べています。具体的な職業名がなくても、大学卒業後のビジョンをしっかり描けていることが伝わってきます。女子がサッカーをする場が制限されていたという実体験を **「きっかけ」** として書くことで、「豊かなスポーツライフを支えたい」という「将来やりたいこと」が明確になっていく過程がよくわかり、説得力が生まれていますね。

継続的にサッカーを行い、小学生のサポートをしてきたことで、スポーツ環境の在り方について二つの課題意識を持つよう

になった。一つ目は、スポーツをする場の偏りだ。小学生の間
は、地域のスポーツ団が多く存在しているが、中学生になると
部活動の枠にとらわれ、活動の場が極端に減る。格差社会が広
がる今、活動の場が近くにないことが原因で、子どもがスポー
ツを続けることによる金銭的・人的負担が重荷となる家庭が増
え、活動継続を諦めるケースを数多く見てきた。二つ目は、一つ
の種目に早期から集中して取り組ませる指導志向の在り方だ。
長期のオーバートレーニングにより、腰の疲労骨折や膝のオス
グッド病を患い、心まで病んでしまう子どもが多くいることが、
調べてみてわかった。個々の発育発達段階に応じた指導の必要
性を痛感するとともに、長い人生において現役選手として活躍
できる期間は短いゆえ、引退後のセカンドキャリアをどう豊か
に生きていくかについても考え続けてきた。 課題分析 [413字]

━━▶自分の体験の中で抱いてきた課題意識を説明しています。個人的な実体
験にとどまらず、リサーチに基づいて、この分野の「現状」を書くことができて
います。

　これらの問題の背景には、スポーツと人々の生活との結びつ
きが弱く、スポーツの文化的価値が社会に浸透していないこと
が根底にあるのではないか。環境・スポーツ教育を見直すと同
時に、スポーツ文化を広めていくことで、スポーツ活動の場の
偏りを減らし、スポーツを楽しむ機会の多い社会に近づけるは
ずだ。スポーツ文化の普及方法を探るため、高校のとき、ベト
ナム研修に参加した。急速な発展を遂げるベトナムでは、スポー
ツをする場は整っていないが、サッカーの代表戦がある日には
街中が一体となって観戦をする。ここから、スポーツ文化を広
めていくために、スポーツを「する」ことだけにこだわらない
姿勢を学んだ。 解決策 [287字]

──→ **「解決策」**の部分では、「関心を持っている課題をどのように解決したいと考えているのか」を説明しています。ここでは、自分自身がベトナムで目にした、スポーツ文化のあり方についても詳しく述べています。

　　大学卒業後は、指導者として選手の今と未来を支えつつ、多種目のスポーツに取り組める総合型地域スポーツクラブの運営に携わりたい。多種目に取り組むことでさまざまな体の動作を学び、他のスポーツにいかすことができる上、けがの予防にもつながり、長くスポーツに親しむことができる。その中で、高校在学時に行った子どもの生活習慣と成長についての研究で得た知識を活かし、子どもたちに生活習慣の指導を行い、健全な成長をサポートする。そして、学生指導者の募集や試合観戦する日を設けるなど、さまざまな観点からスポーツと関わる機会を作る。スポーツをより人々の生活と身近なものにできるよう、地域との関わりを大切にしていきたい。 キャリア [298字]

──→ これまで述べた要素とのつながりを意識しながら**「キャリア」**の展望を述べています。

　　この目標の実現に向け、貴学に入学後、1、2年次はまずスポーツの文化的価値への理解を深めるため、スポーツ健康学と生涯スポーツ論の基礎を固めていく。運動方法学演習では未体験の運動種目を選択することにより、多種多様なスポーツ技術の体得を目指す。身体についての基礎を知るために生理学も履修する。3年次からは、個々の発育発達・健康状態を考慮した指導法を学ぶため、発育発達加齢論を履修し、スポーツコーチ学をはじめ、スポーツ栄養学、スポーツマネジメント論と、指導者として必要な学びを得る。特に運動生理学を受講することで、選手の身体に負担のない的確な指導につなげることができると期待している。並行してスポーツ社会学を履修し、○○教授の

もとでスポーツ活動のあるべき姿を探求する。貴学での学びを通して、さまざまな境遇の人が長くスポーツを続けられる環境を整え、スポーツ活動の場を作り出す力を身につけたい。

　部活動では、□□元主将が苦労して立ち上げ、◎◎学科長が監督をされている貴学の女子サッカー部◇◇に入部し、選手としてプレーするだけでなく将来を見据えてチーム運営にも携わりたいと考えている。そして、海外のスポーツ教育を学ぶため、グローバル教養副専攻 Arts Science コースで Global Sports を選択する。授業を通して、英語力と知識を身につけた上で、国民全員が基礎の段階から多様なスポーツを楽しく学べる環境作りを大切にしているオーストラリアへ留学する。そこで、スポーツ大国の知恵を学び、日本のスポーツ環境の変革へといかす。グローバル教養副専攻はまさに私の求めている実践的な学びの場だ。貴学スポーツ健康学部での学びを、次世代の豊かなスポーツライフの実現、ひいては日本の福祉の向上に役立てていく。

〔大学での学び〕〔まとめ〕[718 字]

──▶**「大学での学び」**では、1年次から4年次までの学修計画をかなり詳しく述べています。また、部活動や留学を通して学びたいことも具体的に書くことができています。**この志望理由書の設問の趣旨は、「大学で学びたいことを書くこと」**ですので、このように「大学での学び」について最も字数を割くことが理想です。

よかったポイント

　「きっかけ」「課題分析」「解決策」「キャリア」「大学での学び」という五つの要素が書けている。
自分の体験を深掘りして具体的に書けている。
課題に対して実践したことを詳しく書けている。
大学で学びたいことが明確に書けている。

200〜400字程度の少ない文字数の場合

　400字程度で志望理由を書くことを求める大学もあります。このように少ない文字数の場合、

「将来何をするために大学に入るのか？」と、それを「なぜやりたいのか？」
を簡潔に書きます。

　五つの要素のうち、**「解決策」「大学での学び」**に特に重点を置き、何をするために大学に入りたいのかを書くとよいでしょう。

　「きっかけ」などを詳しく書くと、すぐに指定の文字数を超えてしまうので、**「きっかけ」は「課題分析」「解決策」「大学での学び」よりも優先順位を下げましょう。**

　次の設問と合格例から、コンパクトな文章の書き方を学びましょう。

設問　　学部を志望した理由および入学後は何を、どのように学びたいかを400字程度でまとめてください。

（○○大学経済学部）

合格例　　私が貴学の経済学部を志望した理由は、全国の旅館の減少を防ぎたい、という夢をかなえるために必要な学びができる環境が貴学に整っていると感じたからだ。私がこの夢を持ったのは、幼い頃から両親に何度も旅館に連れていってもらう中で、旅館のおもてなしや温泉という文化を好きになったからだ。

　書き出し　きっかけ [137字]

→書き出しで、「将来やりたいこと」について、大学の学習環境にふれながら書かれています。このように文章全体の要旨になる文を冒頭に書くことで読み手に伝わりやすくなります。

　　全国の旅館を守るためには、それぞれの旅館が地域と協力し、その地域ごとの魅力を主軸に宣伝することで、地域と旅館を同時に盛り上げる必要がある。旅館は歴史が深く、地域に根差した経営方法をとっている場所が多いため、地域活性化を行うことが、旅館を盛り上げることに適した手段と考えた。

解決策 [136字]

──▶「将来やりたいこと」を実現するための**「解決策」**を、簡潔にわかりやすくまとめています。

　　貴学には地域の経済や観光について研究している教授が多く在籍されているため、地域についての研究を深めるには適している。以上のことから、私は貴学の経済学部に入学し地域経済論の履修や○○ゼミへの参加を通して、地域経済についての研究を深めることを強く希望する。 大学での学び まとめ [126字]

──▶少ない文字数の場合でも、**「大学での学び」**の部分では学びたい分野まで具体的に書きましょう。設問で「何を、どのように学びたいか」が尋ねられているので、学修計画の内容を省いてはいけません。

　よかったポイント
　「課題分析」「解決策」「大学での学び」に重点を置いて書けている。

　なお、**200字程度という非常に少ない文字数**を指定される場合もあります。このような場合は、書き出しの**「将来やりたいこと」と「大学での学び」に重点を置き**、「何をするために大学に入るのか」を簡潔に書きます。
　400字程度のときと同様に、「きっかけ」などを深く書くと、すぐに文字数を超過しますので、「きっかけ」にふれるときは、「将来やりたいこと」を伝えることを主軸にして、次の合格例のように書くとよいでしょう。

志望理由（200字程度・横書き）

（○○大学総合型選抜）

合 格 例

　　　　私は将来、在住外国人が暮らしやすい社会をサポートする仕事に就きたい。現在、在住外国人27万人のうち24%が、書類の理解不足などにより、本来受けられる生活支援や給付制度を受けられていないことを知った。そこで、貴学特有の国際交流アシスタント制度や貴学部の通訳論の講義で高度な英語技術を学び、将来在住外国人の要求を明確に理解し、最善なサポートを模索できる力を身につけたいと考えた。よって、貴学を志望する。 きっかけ 課題分析 解決策 大学での学び [198字]

→**書き出し**で簡潔に「将来やりたいこと」をまとめています。また、少ない字数内で、課題についての客観的データも提示することができています。**「きっかけ」**と**「課題分析」**をまとめ、**「解決策」**を**「大学での学び」**に絡めて書くことで、うまく字数に収めていますね。

　よかったポイント

　　「将来やりたいこと」「大学での学び」に重点を置いて書けている。

志望理由書の設問は大学によって異なるため、設問は注意深く読んで、何が問われているのかを慎重に読み取る必要があります。

つまり、**志望理由書の「設問に合わせて」書き方の解答方針を変える**ことが大切です。

設問が一つの場合

基本のパターンは「本学への志望理由を〇〇字以内で書いてください」という内容の一つの設問だけ書かれている志望理由書です。この場合は、字数に応じてこれまで説明してきた方法で志望理由書を書けば大丈夫です。

次の設問と合格例から、基本のパターンの書き方を把握しておきましょう。

設問　国際法学科の志望者は、自筆により志望理由を1,000字以内で書いてください。

（〇〇大学法学部国際法学科）

合格例　私は将来、官僚制の逆機能の防止に努めたい。具体的には、政治家になり官僚制の弊害から市民の不満を無くし、何事も「お役所仕事だから」という言い訳で済まされる行政を変えたい。海外と日本の政治体制について、現在進行的な問題を把握した後、地方自治体から出馬する。当選した暁には課題解決のモデルを作ることが目標である。 書き出し きっかけ

私は、自治体主宰の留学プログラムで、8月からアメリカ留学を控えていた。しかし、コロナ状況下において急に中止が決まった。留学のチャンスがあっさりと反故になったことに納得

できなかった。中止判断の説明責任を果たしてもらうべく、有志を集い、自治体教委に赴き判断の再検討を願ったが、知事の判断次第であると言われた。その後、議員の方々に協力を仰ぎ、知事に直接嘆願する機会を得た。しかし、その後連絡が来ることはなかった。

　この対応に疑問を抱いた私は、市民に対する行政の対応不足について調べた。そうすると、米社会学者R.マートンが明らかにした「官僚制の逆機能」が、私の経験を説明可能だと気づいた。人間的な配慮が感じられなかった一連の対応は、「縦割りの職務分掌と組織構造により、同情なく手続きが行われた」と換言できる。 `課題分析`

　この経験から、諸外国では官僚制の逆機能がどのように発現しているのか調べた。例えばスイスでは、市民の行政に対する満足度がとても高い。また、アメリカでは政治的任命制、イギリスでは資格任用制が用いられている。同じ官僚制においても、国ごとで異なる体制が敷かれ、発露する逆機能も多様である。

　このことから、海外の事例をもとに、日本における官僚制の逆機能防止策の考案のヒントを得られると考えた。官僚では、内部の立場で仕事をするため現状を変革しづらいと考える。政治家なら議会に属し、市民の声を課題解決の実行に移せるため、政治家という手段を選んだ。諸外国の官僚制を比較することにより、最善かつ新たな解決策を見出すことで逆機能の防止例を作っていきたい。 `解決策` `キャリア`

　貴学部貴学科は世界に一つだけの学科であり、政治に必要な法知識と国々で起きている官僚制による弊害を日本と比較し研究することで、新たな解決策を考える機会が設けられていることにとても魅力を感じる。そのために、国際関係法や行政法を中心に、○○教授のもと比較法思想を学び、法律というバックボーンを携えた上で、官僚制について比較論的に学びたい。

`大学での学び` `まとめ` [983字]

　書き出しで「将来やりたいこと」について語った後、 志望理由書の五つの要素を**「きっかけ」→「課題分析」→「解決策」→「キャリア」→「大学での学び」**の順に書けていますね。この順序で書くと、各要素のつながりがわかりやすくなります。

　よかったポイント
　文字数に応じて、適切な志望理由書の要素が順序立てて書かれている。

設問が複数の場合

　「志望理由」と「学修計画」のように、**設問が複数に分かれている**場合もあります。

　このような場合は、**「志望理由」**の部分に、「将来やりたいこと」「きっかけ」「課題分析」「解決策」にあたる内容を書き、自分にとって「大学での学び」がなぜ必要なのか示しましょう。**「学修計画」**の部分には、大学入学後の４年間で何を学んでいくつもりなのか、「大学での学び」を具体的に書きます。

設問

⑴　本学に入学することを強く希望する理由を述べてください。

⑵　本学で何を学んでみたいですか。あなた自身の希望をその理由も含め
　　述べてください。

（○○大学教養学部）

　⑴で「志望理由」、⑵で「学修計画」を答えさせる設問であることを事前にしっかりとらえた上で書き始めることが大切です。では次に、合格例を見ていきましょう。

⑴私は将来、平和とマーケティングの融合によって社会に貢献
したい。この融合とは、例えば、外国人と平和について語れる
オンラインサービスの創造など、積極的平和の意識を高めるよ
うな商品・サービスの開発だ。

　私が貴学を志望する理由は主に三つある。まず、私の目標実
現に必要な平和学を専攻でき、そこで学際的に学べるからだ。
また、平和とマーケティングの融合の考え方は新しく、学問と
して学べる場も他にはない。私の興味・関心を諦めずに探求で
きるのは、複数メジャー選択制がある、貴学の他ないと考える。

　次に、貴学の平和研究所が行っているフィールドトリップの
存在だ。平和の現状を、座学だけでなく実際現地に行き学べる
機会は貴重だと考える。

　最後に、平和を考える際には、さまざまな人々との価値観の
共有と対話が必須だと考えているため、約50か国から集まる
外国人学生や、海外経験豊富な教員の方々と少人数で議論がで
きる環境にも魅力を感じている。

　以上から、私は貴学に入学することを強く希望する。

⑵私は貴学に入学後、まず1年次では、サービスラーニングに
参加したい。長崎平和推進協会に伺い、この協会の活動に参加
することで、平和に貢献できる活動を実際に体験し、平和に関
して自分の思考の幅をもう一段階広げるための知識や価値観を
学びたい。

　2年次以降では、平和研究と経営学を学びたいと考える。平
和研究では、積極的平和の実現に欠落しているといわれる文化
的平和の阻害要因について、リベラルアーツ的な観点から学び
たい。また、上記の商品を作るための着眼点等も磨きたいと考
える。加えて、経営学でビジネスの仕組みやマーケティングを

学ぶことで、平和研究で学んだ知識と照らし合わせ、それを実社会において解決したり、形にしたりする方法を学びたい。これにより、私の考える平和とマーケティングの融合を学ぶことができる。

また、学問の修得に加え、私は貴学で対話の方法も磨きたい。なぜなら、平和の実現にも、マーケティングの実施にも、人同士の対話が重要な基盤になると考えているからだ。

以上から、対話をベースに平和研究と経営学をダブルメジャーで学びたいと考える。

---

(1)では、「志望理由」が問われています。書き出しで、**「将来やりたいこと」**を簡潔に書けています。さらに、**志望する理由を3点**、自分にとってこの大学での学びがなぜ必要なのかを示すことができています。

(2)では、(1)で触れた**「大学での学び」**について、より詳しく具体的に述べられていますね。

よかったポイント

「志望理由」を「大学での学び」に結びつけて書けている。
「学修計画」に「大学での学び」が具体的に書けている。

設問が、「将来の目標」「志望理由」「学修計画」の3つの部分に分かれている場合もあります。この場合、まず「将来の目標」の部分には**将来やりたいこと**を書きます。「将来の目標」の部分には、合わせて、**「将来の目標」を抱くようになった「きっかけ」**や、自分がもっている問題意識などの**「課題分析」**、将来やりたいことの実現のための**「解決策」**も書きましょう。

そして、次の「志望理由」の部分では、「将来の目標」に触れながら、**「なぜ自分がその大学・学部に入る必要があるのか？」を説明**します。その際、大学の学習環境やカリキュラムにもふれて説明するとよいでしょう。

最後に、「学修計画」の部分では、

・どの学年で何の講義を履修するつもりなのか？

・最終的にはどの科目を専門とするのか？

・どのゼミや研究室に入るつもりなのか？

を記述していきましょう。このとき、**「なぜそのような『学修計画』を立てているのか？」に答える理由も明記する**ことが大切です。

　なお、このような設問を受けて記述するとき、「志望理由」と「学修計画」の内容が重複しがちです。そうした状況を防ぐため、記述する前に設問別に書く内容を箇条書きにして整理しておきましょう。

　その際、**「設問間で内容に重複がないか？」「設問どうしのつながりが生まれているか（言っていることに飛躍がないか）？」を丁寧に確認してから書く**と、志望理由書全体にまとまりが生まれます。

　それでは、三つの部分に分かれた志望理由書の実例として、次の設問と合格例をご紹介します。

設　問

⑶　本学及びこの学科を志望する動機・きっかけ・理由

⑷　入学後何を学びたいか・どのような学生生活を過ごしたいか

⑸　将来の目標

※⑴と⑵は省略　　　　　　　　　　　　　　（○○大学経営学部）

⑶が「志望理由」、⑷が「学修計画」、⑸が「将来の目標」を答えさせる設問ですね。

合　格　例

　⑶私が貴学科を志望した理由は3点ある。

　　第一に一人一人の関心に合う授業がモジュールごとにまとめられているからだ。私はマーケティングモジュールを中心に履修したい。マーケティングに興味を持ったきっかけは、SNSのプレゼントキャンペーンで当選した商品を「リピート買い」したことだ。この経験から顧客に商品を気に入ってもらえれば

売上の向上につながると考えた。加えて人それぞれの企画次第で商品の売上が変化することに関心を抱いた。

　第二に英語力を鍛える機会の充実だ。貴学の留学制度や日本にいながらも留学生と交流できる機会の多さに魅力を感じた。協定留学では語学研修と学部留学を選択したい。なぜなら最初の半期で語学研修を集中的にできるからだ。また、語学能力次第では学部授業履修数や期間が増えることから学習意欲の向上につながると考えた。外国人との交流では、国際交流スペースやイベントを活用し色々な語学を強化したい。

　第三に□□教授のゼミナールに入りたいからだ。ゼミナールでは△△カレという 100 を超えるグループに分かれて商品企画を競うイベントに関心を持った。具体的なテーマを 10 社以上もの企業が提示し協力してくれる。そのことから、実践的な体験ができたりアドバイスを頂けたりすることで、将来やこれからの学びに活かせると考えた。以上三つの観点から私は貴学科への入学を志望する。

⑷私は将来化粧品の販売促進部門に就きたいと考える。そのため、マーケティングについて重点的に学び商品販売を促進する方法を身につけたい。知識や技能を身につけるためにマーケティング法などの授業を受講する。さらに 4 年間の学修では、必修の授業と併せてその他の幅広い分野について学び、将来を再考する機会に役立てたい。そして、幅広い知識を獲得しマーケティングの専門家として広範に活躍したい。また、経営戦略 1 の授業では好奇心を持ちながら課題に関わり自分自身で考え行動する力を身につける。加えて将来を明確にするために企画やマーケティングの職種を中心にインターンシップに参加する。参加することで、実際に学んでいることと社会で求められていることの差がわかり、実社会で特に必要とされる能力を理解したい。

以上のことから、入学後マーケティングについて重点的に学びながら課題に対して活発に取り組み、色々な企業のインターンシップに参加する学生生活を過ごしたい。

　⑸私は将来化粧品の販売促進部門に就き、キャンペーンやイベントを通じて商品の魅力を明確に伝え売り出したい。現在、新型コロナウイルスによって売上が下がっている商品の売上を促進する企画を、二社の化粧品会社に提案した。その際、マーケティングの難しさを実感した。企画を実現させるために必要となる知識を得るべく、貴学経営学科で学ぶ必要がある。
　　以上のように化粧品メーカーの販売促進部門の立場から、企画を通して商品の魅力を発信していきたい。

　この設問では**「志望理由」→「学修計画」→「将来の目標」**の順に問われているため、この本で説明してきた書き方に慣れてきた人には少し書きづらいかもしれません。しかし、このような順番でも、基本のパターンを思い出しながら、通して読んだときに、「志望理由」「学修計画」「将来の目標」のつながりがわかるように整理して書けば大丈夫です。

　よかったポイント

　　「志望理由」で、**「なぜその大学に入る必要があるのか？」**と**「なぜその学部（学科）なのか？」**が、学習環境やカリキュラムについてふれながら書けている。
　　「学修計画」で、**「どの学年で何の講義を履修するのか？」「最終的にはどの科目を専門とするのか？」「どのゼミや研究室に入るのか？」**について、理由を明らかにしながら書けている。

自己推薦的な内容の場合

志望理由書の中には、自己推薦的な内容を入れる指示があるものもあります。自己を推薦できる部分を交えながら志望理由を記すという条件がついている設問のことです。

こうした志望理由書では、**アドミッションポリシーに沿った人間であることをアピールすること**がとても大切です。よい人格や経験を持っていることだけでなく、**大学の求める人材とマッチしていること**をきちんと評価してもらえる記述が必要だということです。

志望校のアドミッションポリシーは、日頃から目にふれるところにメモしておいてもよいかもしれません。志望理由書を書く練習をするときは、アドミッションポリシーを記述欄の近くに書いておくことがおすすめです。

また、このような志望理由書は**抽象から具体の流れで書くこと**がコツです。

例えば、「私は行動力のある人間です!」と書いても、どんな行動力なのかは伝わりません。「行動力」といっても、「疑問に思ったことはとことん追究して必要なら実験やフィールド調査も行う」ようなアカデミックなシーンでの行動力かもしれないし、「学校を変えるために生徒会長に立候補し、一年かけて公約を実行する」ような社会的なシーンでの行動力かもしれないし、その両方かもしれません。つまり、「行動力」のような**抽象的な単語だけでは、自分の特徴を十分に表せないことがある**のです。

とはいえ、最初から具体的に書けばよいというわけでもありません。

例えば、「野球部でキャプテンを務めました! 県大会優勝の実績もあります!」と客観的な事実を書いただけでは、どんな能力によってその結果が得られたのかの説明が不十分です。「リーダーシップがあったから」でしょうか? もしそうだとしたら、ここでいう「リーダーシップ」とはどのような能力でしょうか? 「みんなを引っ張る力」かもしれませんし、「みんなを陰ながら支えてみんなのパフォーマンスが最大限発揮できる環境作りをする力」かもしれません。

このような紛らわしさを避けるため、**抽象から具体の流れ**で書き、自己を推薦する理由をわかりやすく効果的に伝えましょう。

ちなみに、このタイプの志望理由書は次の二つの書き方があります。

自己推薦的な志望理由書の書き方

① 「自己推薦」と「志望理由」の部分を分ける書き方
② 「自己推薦」の部分を「きっかけ」とする書き方

①では、まず**部活動などの活動を通して自分が身につけた能力を記述し、その能力を将来やりたいことや大学での学びに生かすというような書き方**をします。この場合、二つのエピソード（自己推薦と志望理由）を書かなければならないので、文字数に注意しながら書きましょう。

②は、志望理由書の要素である**「きっかけ」を自己推薦的な内容にする**というやり方で、

「とある活動から自身は〇〇というような能力を身につけ、△△というような成果を得た、そこからXXに興味を持ち出した。」

というような形で書いていきます。

②の書き方は一つの大きな軸に沿った文章になるため読みやすいという点で好ましいですが、自分が書きやすいほうで書いて大丈夫です。

ここでは、②の書き方の例として、合格例を見てみましょう。

設問

「志望理由」「学力」「学業成績以外の卓越した能力」「課外活動・社会活動の実績」「特技」等を記述し、自己を推薦する内容であるもの

（〇〇大学国際学部）

合格例

　私は「挑戦なくして得るものなし」をモットーに、高校時代にさまざまな経験を積み、違いを受け入れる柔軟性・行動力を養った。

　物心ついたときから、ホストファミリーとして常に外国人がいる生活を送ってきた。インド人やケニア人を含み、衣・食と

いった他文化に触れる機会が多く、文化の違いを寛容に受け入れてきた。しかし、中学3年次に、過去にホームステイを受け入れた○○人を訪問するため現地を訪れた際、言語の壁にぶつかった。私と同年代である彼女の友人とも会い、久しぶりに英語を用いて会話を楽しんだが、流暢に英語を使いこなす友人と、うまく表現ができない私との間に差を感じた。帰国後、うまく意思疎通ができないことを悔しく思い、次回訪問時には、自分の言葉で伝えることを目標に、英語力向上を志した。この目標を達成するため、高校1年次に、△△の3か月留学に挑戦し、初めてステイする側としてのホームステイを経験した。夕食時、□□人のルームメイト、ホストファミリーと共に、各国の教育の違いについて会話するなどし、交流機会を積極的に活用した。ホームステイでの経験が、対話力とリスニング力を向上させたと自負している。

　そして、上記の経験が夢を持つきっかけとなった。私が留学した△△の高校には、多様な人種が通っていた。私を物珍しく見る人はおらず、「外国人」としてでなく「学校の一員」として迎えてくれた。しかし日本では、いまだに外国人への理解が浅い。前述の○○人から「外国人」という理由で居住を断られた話を聞いた。実際、法務省によると入居を断られた外国人が約4割もいることが報告されている。互いの文化を知らないことが異文化衝突を生み、差別につながる。この問題を解決すべく、日本人と移民の「バディ制度」の普及を、地域に住む外国人を対象に行いたい。これが交流のきっかけとなり、日本人の移民に対する印象の変化や移民の孤独感の減少が期待できる。さらに、日本人と移民のコミュニティ形成が地域全体の活性化につながると考える。

　貴学では、アジア研究をメジャーに、市民社会・国際協力論をマイナーに学びたい。日本における移民出身国の大半を占める「アジア」の地域に注目し、地域研究を通じて各国の文化を

学ぶ。バディ制度を進めていく上で、異文化衝突は必ず起こり得る。そのためアジアの各文化や価値観を学び、これらの問題対処に努めたい。超高齢化社会である日本では、今後移民の受け入れを拡大していくと予想される。今後の人口移動の変化を「グローバル化と市民社会」を用いて考え、「国際協力論」を用いて多様な文化的背景を持つ人が良好な関係を築く方法を模索する。第2言語ではドイツ語を選択し、移民の受け入れに寛容なドイツへの留学に挑戦し、現地で多民族が共存している上での問題や、対処法を実例から研究したい。一つの視点でなく多角的視点から物事を捉えられる国際学部は、私にとって最適な環境である。以上の理由から、○○大学国際学部への入学を強く志望する。

この設問では、「志望理由」「学力」「学業成績以外の卓越した能力」「課外活動・社会活動の実績」「特技」という多くの要件があるため、設問をよく読み、もれなく記述することが重要です。

合格例では、書き出し（第1段落）で**「違いを受け入れる柔軟性・行動力」**と**抽象的に表現されている内容**が、第2段落で**具体的**に説明されていますね。第2段落では、自分がどのように努力して能力を高めてきたのかのエピソードが**「自己推薦」**になっており、この部分が「きっかけ」にもなっています。

よかったポイント

　設問の要件が不足なく書けている。
　「自己推薦」の部分を「きっかけ」として書けている。

チェックすべき項目を押さえよう

　ここまで「きっかけ」「課題分析」「解決策」「キャリア」「大学での学び」という五つの要素を揃え、まとめて文章にしてきました。さまざまな字数・さまざまな設問形式の志望理由書の書き方も確認しました。

　この段階では、**「書類全体を通したロジックの見直し」**を行います。

　先にお伝えしておくと、この見直しの結果、これまで書いてきた要素を丸ごと書き直すことになる可能性もあります。しかし、書き直せずに書類が完成することはありえないといってよいほど、「見直し」は重要なステップです。

　志望理由書では、何に答えなければならなかったでしょうか？　ここでもう一度思い出してください。**「なぜ私はこの大学・学部に入りたいか？」「なぜ（他の人ではなく）私をこの大学に入れるべきか？」**という二つの問いに答える必要がありましたね。

　ここまで学んできた志望理由書の五つの要素とその順序は、初めて読む人にもできるだけスムーズに二つの問いに対する答えが伝わりやすいように配置したものです。しかし、それぞれの要素を並べただけでは不十分です。要素がきちんとつながっていなければ、読み手に理解しづらい文章になってしまいます。

　繰り返しますが、志望理由書は、**あなたのことを全く知らない人が読んでも、「なぜあなたがこの大学・学部に入りたいのか？」「なぜ、あなたをこの大学に入れるべきか？」**という二つのことが伝わるようにしなければなりません。志望理由書に書いたそれぞれの要素が、この二つの問いに答えた内容になっているかを確認してみてください。

ここでは、五つの要素それぞれについて、チェックすべき項目をまとめました。「あなたのことを知らない大学教授」になったつもりで、以下のチェックリストに沿って、自分で書いた志望理由書を点検してみてください。

「きっかけ」

　□ 自身の将来やりたいことと、きっかけのエピソードがつながっているか
　□ アドミッションポリシーに沿った人間であることをアピールできているか

　すべてに当てはまっている必要はありません。学力のように、志望理由書ではアピールしづらい項目もありますが、**主体性（コンピテンシー）は「きっかけ」パート、思考力（リテラシー）は「課題分析・解決策」**パートでアピールすることができます。

「課題分析」「解決策」

　□ 高校で習う基礎的な事項を押さえた上で、新聞記事やニュース、学術論文・書籍などの情報ソースをふまえて書けているか
　□ 解決策は、既存の解決策をふまえたものになっているか（既存課題の解決解決策の至らない点をふまえたものになっているか）

　一つめはリサーチの項目で確認したことですね。書いた数字、データ、事実に間違いがないかよく確認しましょう。

「キャリア」「大学での学び」

□ 将来やりたいことは、キャリア、大学での学びと結びついたものに
　なっているか

□ キャリアに必要な能力について言及できているか

□ キャリアプランがロールモデルとほとんど同じになっていないか

□ 現実的に実現可能なプラン（キャリア・大学の学び）か

□ 何のために何の学問を学ぶのかについて、どのゼミ・研究室に所属
　するべきなのかなどの具体的なレベルまで書けているか

　ロールモデルを参考にして「キャリア」について書く場合は、ロールモデルと
まるっきり同じルートを書いてしまうとオリジナリティがないと判断されます。

　また、やる気があるあまり、「大学での学び」に時間的、コスト的に非現実
的なことを書いてしまうことも望ましくありません。時間もコストもかかりすぎる現
実味がないプランは説得力を失ってしまいますので注意が必要です。

　前の項目では自分の志望理由書をチェックする観点をお伝えしました。ここでは、先のチェックすべき項目の観点から、先輩受験生の書いた志望理由書の実例を見てみましょう。学部別に載せていますが、自分の志望学部にこだわらず読んでみてください。

　それぞれの実例の終わりには、**「よかったポイント」**と**「もっとよくするためのポイント」**を示してあります。「もっとよくするためのポイント」は、読者のみなさんが自分の志望理由書を書く際に気をつけてほしいポイントでもありますので、しっかり読んで参考にしてください。

経済系学部の志望理由書

　私は、中国経済をゴミ分別の視点から分析したいと考えている。私は高校２年次に日本の移民問題について英語でスピーチするなど、現在の世界が抱えるさまざまな社会問題に関心を抱いてきた。その中でも私は特に、深刻化している中国のゴミ分別問題について貴学で研究したい。

　私は幼い頃に見た、日本の街のきれいさに驚いた。日本では徹底されているゴミの分別が特に印象的だった。しかし、母国である中国では分別用のゴミ箱があるのにもかかわらず、ゴミ回収の際に全て一つにまとめて回収しているところを見て、大きな衝撃を受けた。中国ではゴミ分別をしないせいで、環境や人々の健康に悪い影響をもたらすだけでなく、経済にも大きな影響をもたらしている。そこで私は中学１年次から２年次にかけて、ボランティア活動として、自分のコミュニティにある居民委員会にてゴミ分別についての基本的な知識やゴミ分別の重要性を住民に呼びかけた。

　私は、高校に入ってさまざまな情報に触れた際、日本のゴミ
の処理方法について新しい認識を得ることができた。以前は、
日本国内でゴミ処理やリサイクルを行っていると考えていた。
しかし、2016年の日本の貿易統計によると、廃プラスチック
の約5割、古紙は約7割を中国に輸出していた。「海外ゴミ輸
入禁止計画」が発表される前年2016年の中国の貿易統計によ
ると、2016年の中国の廃プラスチックの輸入量は734万7,200
トンで、総価値が37億ドルに達する。そのうち日本からの輸
入が約84万2,000トンと約1割を占め、日本は廃プラスチッ
クにおける中国への輸出量が世界1位だ。また中国は、毎年ゴ
ミ輸入量が世界貿易量の56%までに及ぶ。中国はこれまで世
界各国から廃棄物を輸入し、リサイクルすることで経済体系を
構築してきた。しかし、バーゼル条約によって2017年にゴミ
の輸入禁止措置が取られ、中国は国内の廃棄物処理に主軸を移
行させた。さらに、国内の廃棄物を適切に分別しないことによっ
て毎年約30兆元にも及ぶ損失を出している。

　中国とは反対に、利用可能な資源を再利用し、地元の経済に
影響を与えた町がある。それはアメリカの小さな町、ノールで
ある。ノールでは、1987年からゴミの回収を法律化し、80社
以上のゴミ回収企業が設立された。政府と企業が協力すること
で、ゴミ回収を効率的に行っている。しかし、中国政府は、ゴ
ミ分別を産業ではなく公益事業としてやってきた。なぜなら、
中国では都市のゴミ処理は政府の管理に基づいており、ゴミ処
理を担当する機関（役所）は政府部門である。これらの機関は
さまざまな地域の政府部門の管理下にある。例えば、居民委員
会（町会）は、住宅から共同のゴミ置き場までの、捨てられた
家庭ゴミの収集を担当する。また環境衛生局は、ゴミ置き場か
ら市外の処分場へのゴミの輸送を担当し、その過程でリサイク
ル可能な資源は、回収部門によって回収される。このように、
複数の異なる利益団体が生み出す、利益分配の問題によって、

互いに調整することは困難である。しかしドイツでは、政府と個人企業ともに協力し、70年代には政府部門によるゴミ処理から地方政府部門の監督下にある国有企業へと徐々に転換し、最終的には政府の監督下にゴミ分別を産業化した。また、そもそも中国の根本的な問題は、国民がゴミ分別をしないことだ。政府のアンケートによると、中国では日常的にゴミ分別している人は43%しかいない。日本の84%と比較しても低いことがわかる。国民のゴミ分別意識を高めるためには、スウェーデンのようなゴミ分別先進国を模倣し、ゴミ分別について教育を行うことで、分別意識を身につけさせる必要がある。また、国民にゴミ分別の意識を高めさせるために、罰金制度を取り入れるべきだ。最終的には、ゴミ分別を産業化し市場を作り出し、ゴミ分別に貢献した企業が利益を得られるように、ゴミ分別を持続的にする必要があると考える。

　この問題を根底から分析するために、中国経済をゴミ分別の観点から研究したいと考える。そのために、貴学での学びが必要不可欠である。私は○○教授の演習で環境経済学を研究するために必要なミクロ経済やマクロ経済などの基礎的な理論を身につけたい。また、私は△△教授の現代経済学応用Aで、経

→大学で学ぶ内容が具体的に計画できていますね。

済学の基本的な考え方と市場理論の仕組みを理解し、ゴミ分別問題をミクロ経済学の観点から分析できるようになりたい。そして、貴学科で学んだ理論と統計を用いて、◎◎教授の中国経済論ABで中国経済の仕組みや今後の経済動向を把握したい。最後に、ゴミ問題と経済の関係性を明らかにするために、○○教授の環境経済論ABを受講し、廃棄物経済学について深く研究したい。私は変化の中で生き抜くために独自の経済観を身につけ、経済の本質を捉えながら、時代を読む力を鍛えたい。

　以上により、私は貴学経済学部国際経済学科を志望する。

よかったポイント

自分自身のルーツもふまえながら、なぜそのテーマに取り組みたいのかというモチベーションをわかりやすく書けている。

社会問題について、客観的データを用いて課題分析ができている。

もっとよくするためのポイント（参考にする際注意する点）

● 政策としての解決策は出せているが、自分自身のキャリアについては具体的な言及がない。自分がどのような立場から解決に関わりたいと考えているのかを書けるとよい。

法学系学部の志望理由書

私の目標は、法を専門とする国際公務員として国連開発計画の職員となることだ。そのために、法律学と政治学の双方を深く学びたいと思うようになったことが、私が貴学法学部に関心を持った理由だ。

中学2年生から続けているオンライン英会話レッスンの多くはセルビア人講師とのものだ。セルビアについて調べていくうちに1990年代のユーゴスラビア紛争を知った。子どもさえも虐殺された民族浄化はもちろん、紛争終結へと導いたとされるNATOの空爆にも強い憤りを感じた。国連事務総長の報告書から人道的介入の難しさは痛感したが、正戦という考え方には抵抗を覚えた。そして、緒方氏が率いたUNHCRの行動こそ最善であり、早い時期から同様の介入を重ねていれば最小限の犠牲で済んだのではと考えるようになった。以上の経験を通して私は国際連合と法に関心を持つようになった。

今までの経験と感情をうまく言語化できていて、興味関心が伝わる説明になっていますね。

高校1年の夏、国連の大学生向け平和プログラムを聴講したフィリピンでの一週間が、私の目標を決定づけた。国際協力に

関する豊富な知識を持つ学生らとの対話が私を触発し、何より、フィリピンの貧富の差の大きさが私の決心を強くした。街では高級車で送迎してもらう子どもを見かけた一方で、菓子を売って歩く裸足の少年が私の乗る車の窓を叩いた。市場では物乞いの少女について回られた。生気のない瞳で見つめられる度、私に何ができるか問われている気がした。子どもの権利条約ではすべての子どもに、生きる権利・育つ権利・守られる権利・参加する権利があるとされているが、彼らはその権利の存在すら知らないだろう。権利を当然のように享受してきた私にできることは、世界に溢れる弱者の代弁者となりその権利を取り戻すことだと気がついたのだ。この経験を踏まえて、私は国連開発計画で法規範の強化と人権啓発への支援に携わることを志し、法学を体系的に追究することができる貴学法学部に強い関心を持つようになった。

　貴学法学部入学後は、法に精通した日本人として世界へ出ていくために、日本国法や法解釈の分野もしっかりと学び、世界の法や国際法を学ぶ上での土台にもしたい。これまで独学で法学書を読み進めてきた。中でも『ヨーロッパという秩序』にある、ヨーロッパ人権裁判所とフランス国内法やベルギー国内法との相克する関係性が、国際法と国内法の関係とは異なることに驚き、強い興味を覚えた。○○教授からヨーロッパ行政法を、△△教授から国際法を学び、グローバル・ガバナンスを俯瞰できる視点を持ちたい。◎◎教授の論文『□□□□』も幾度となく拝読した。人類にとって最も必要な概念である、□□□□を◎◎教授からしっかりと学び取りたい。３年生では政治・国際コースを選択し、政治学、国際関係論を中心に法律学についても幅広く探究したい。またリール政治学院へ留学し、フランスそして EU の政治と制度について学び、フランス語も習得したい。

　貴学卒業後は、貴学大学院国際協力研究科へ進み、国際法・

開発法学プログラムを学びたい。国連開発計画職員となり弱者の権利を守る法支援に携わるために、開発法学を軸にあらゆる分野の国際法に対応できる力をつけたい。博士後期課程では国際公務員養成プログラムを活用し、国際法の実践的な能力まで身につけたい。博士号取得後は、まずセルビアへ向かう。元オンライン英会話講師が小児科医となり、末期癌の子どもたちを支援するNGOに所属している。そこでのボランティアを志願し、子どもたちと向き合いたい。その後は、国際協力に携わる機関で実務経験を積み、JPO派遣制度で国際公務員となる将来へとつなげていく。COVID-19のパンデミックが世界に壊滅的な影響を及ぼしている今、差別と格差の連鎖を断ち切ることの難しさを痛感している。それでも私は諦めない。誰一人取り残さない世界の実現に、私の生涯をかけて取り組んでいきたい。

よかったポイント

オンライン英会話レッスンの受講や国連のプログラムへの参加、法学書を読んできたことなど、今までの経験が将来やりたいことにどのようにつながっているかを書けている。

興味のあるテーマに対して、具体的に行動してきたことを示せている。

志望学部のカリキュラムについて深く理解して、しっかりと学修計画を立てることができている。

キャリアを具体的にシミュレーションできている。

もっとよくするためのポイント（参考にする際注意する点）

- **国連で勤務することをめざすなら、大学院は海外をめざすという道もある。ここでは博士課程のプログラムを活用することを優先したのだと思われるが、複数のキャリアを検討した上で書くとよい。**
- **「最善」「最も重要」であるなど主観的な表現が多い。熱意や価値観を表現するために使ったと思われるが、志望理由書を書く際に主観的**

な印象を与える表現を使うことにはデメリットもある。視野が狭く見えたり、他の可能性を十分に検証してないように見えたりする場合もあるため、主観的な表現を使う際は気をつけるようにする。

教育系学部の志望理由書

　私は、幼稚園教諭になり、子どもが自信を持ち、積極的に行動が出来るような勇気を与えられる保育者になりたい。そのため、子どもの自己肯定感を高める方法や理論について、海外のさまざまな保育方針、特にキリスト教保育のモデルを参考にしながら深く研究したいと考えている。

　世界的に見ると、日本人の子どもは自己肯定感が低い傾向にある。内閣府による平成 30 年度の「我が国と諸外国の若者の意識に関する調査」から、"自分自身に満足している"と回答を

・客観的データを使って分析できていますね。

した日本人の割合は 45.1% であり、統計にある国の中で最も低い割合になっていた。一方諸外国では、割合の高い順にアメリカ 86.9%、フランス 85.8%、ドイツ 81.8% となっており、この 3 か国は特に自己肯定感を高く持っている若者が多いことがわかる。私は日本と海外とでなぜここまで差が生まれるのか疑問を持った。そこで詳しく調べていき、仮説を立てた。差が生ま

・仮説を立てる、という探究的な手法を用いて説明ができています。

れる原因は、日本人の文化的価値観の傾向である。日本には周囲と同等であることをよしとする傾向がある。もちろん空気を読めたり、気遣いができたりするということは日本人のよさでもあるが、それが行き過ぎると自身の感情を出すことが難しく、故に主張を表す経験が少なくなってしまう。そのため自分の考えに自信を持てないままであったり、そもそも意思がなかったりする。こうした傾向から、自己肯定感が高まりにくくなってしまうと考えられる。

　また、後藤哲哉著『世界に通用する「個性」の育て方』とい

う本を読み、欧米の教育方針にも興味を持った。欧米における子育てには、聖書の教えを取り入れていて、自己肯定感と自立心を高める教育を促していると書かれていた。キリスト教保育も同様に、聖書の教えをもとに保育を行っている。そこで4年次の「キリスト教保育」を積極的に学び、自己肯定感を高める理論や方法を獲得し、実践していきたい。1年次に○○教授による「保育原理」の講義を受け、西欧と日本の子ども観の変遷について学びたい。日本と西欧の自己肯定感の違いやそれ以外の面で生まれる違いを知り、明確にした上で、自分の保育観を確立したい。1年次に「子どもと表現」を学び、子どもにとって必要不可欠な"遊び"についても理解を深め、子どもが遊びを通して協調性を養える手助けがしたい。遊びは、人との関わりの中でお互いの違いを認め合い、共に生きることの大切さや思いやりの気持ちを育てる。これはキリスト教保育の理念につながるのではないかと感じた。

　さらに、貴学は海外派遣プログラムが充実していて、その中でも特にアメリカでの保育ボランティアに参加したい。研修先のロサンゼルスは特に移住者が多く、多国籍の子どもたちがともに生活をしている。多民族国家ならではの個性を尊重した保育を実際に体験して学びたい。個性を尊重する保育は、子ども一人一人の特徴をすべて認め、受け止めることであり、子どもの自尊感情を育む。そして、貴学での学びを実践するために地域の子育て支援事業でボランティア活動に励みたい。子どもだけに限らず、保護者との交流も積極的に行う。保護者との交流を通して意見や考え方を聞き、信頼関係を築く。信頼関係を築くことで連携が取りやすくなり、子どもをより理解できるし、保護者は安心して子どもを預けられるだろう。

→大学特有のカリキュラムと自分のやりたいことを結びつけられていて、その大学に進学する理由を説明できていますね。

　将来は、貴学で4年間学んだ理論や、培った実践力をいかして幼稚園教諭になりたい。本質的に子ども理解をした上で、子どもが自分に自信を持ち、何事にも挑戦する力を与えてあげら

れる保育者になりたい。そして、未来を見据えた子どもたちが将来社会で活躍できるように、子どもの可能性を引き出してあげたい。

よかったポイント

教育系の志望理由は、自分の経験から主観的な意見に留まってしまうことが多いが、しっかり自分の意見を客観的なデータを使って補足できている。

もっとよくするためのポイント（参考にする際注意する点）

● **自分の経験が全く書かれていない点で説得力に欠ける。自分の経験が書かれていると、なぜこのような教育に熱意を持っているのかがより伝わりやすくなる。**

文学系学部の志望理由書

　私は、ファッション雑誌を小学6年生の頃から毎月読んでいた。月に2冊以上買っていた時期もあった。そして、お気に入りのページだけ切ってそれだけ集めてファイルにまとめていた。ファッション雑誌と出会う前は、両親に買い与えられた服をそのまま着るというような状態で服装やお洒落に対する興味はあまりなかった。しかし、ファッション雑誌と出合ってからいつの間にか多くの系統の服装や、流行のサイクルなどに興味を持ち始め、コーディネートを楽しむようになっていた。また、自分のコーディネートから内面が現れることに気づいた。ファッション雑誌には、新たな自分を発見したりすることができたり、自分を見つめ直したりする力があると思った。自分のファッションを通してコミュニケーションが取れたり、喜怒哀

楽を表現できたりと、魅力的なものだと実感した。また、疲れたときや一休みしたいときにファッション雑誌を手に取ると、自分のモチベーションを上げる存在になっていた。ファッション雑誌を通してより明るくなれた。

　上記のような体験がきっかけとなり「自分もファッション雑誌の企画に携わり、多くの人に新たな自分のスタイルを発見してもらい、自分を見つけ出す機会を提供できればよいな」と思うようになった。ファッション雑誌にはジャンルごとや企画ごと、伝えたいメッセージが的確に記載されている。商品の魅力を伝える場合でも、雑誌は写真を通じた視覚的な方法だけでなく、形ある冊子として何度も読み返すことができ、じっくりと言葉で説得できる力がある。私は、ファッション雑誌が自分の服へのこだわりや思いを一番伝えられると思った。そのため、

<!-- 一見、文学やコミュニケーションと関係ないテーマですが、自分の関心あるテーマと学部を結びつけるための説明をしていますね。 -->

私は文章と共にファッションについて雑誌を通して伝えたい。

　雑誌の企画をする上で、ファッションを作る人と話が合ったり、共感できたり、魅力を語れたりする必要がある。そのためにファッション、メディア、言語、文化など多くの知識を身につける必要がある。言語表現メディア探究で、メディア表現の

<!-- ↑学べる領域が広いことをいかし、自分の将来やりたいことと結びつけて書けていますね。 -->

分析力、広告の表現技法などを学び、人々を引きつける文章力や表現技法を身につけていきたいと考えている。また、色彩文化論を学び色彩と文化や生活との関わりを身につけることで、雑誌の企画を考える際、洋服に関わっている方との話をする上で役立つと考える。服に対しての価値観は人それぞれであるため、より多くの人に興味を持ってもらうためには、一つの系統ではなく、多くの系統に目を向けていく必要があるため、色彩文化論を通し色彩についての知識理解を深めたいと考えている。

　最後に、実際にファッションを学ぶためにニューヨークへの交換留学にチャレンジしたい。ニューヨークでのファッションショーを実際に見ることができる。ニューヨークは世界的に有

名なファッションが集まるため、世界的なファッションを学べ
る。そして街を歩いているだけでもファッションやデザインの
刺激を受けることができると考える。海外でファッションを
身につけることでファッション知識が深まったり、これから
ファッションについて考えていったりする上で役立つため、留
学をしたいと考えている。

　以上が、貴学言語コミュニケーション学科で学びたいと考え
る理由である。

よかったポイント

ファッションに対する自分の熱意を伝えられている。
「学部の特色」と「自分のやりたいこと」を結びつけて書けている。

もっとよくするためのポイント（参考にする際注意する点）
● **現状のファッション誌の課題なども分析できるとよい。**

心理系／スポーツ系学部の志望理由書

　私は貴学に入学し、脳や神経が行動に与える影響について学
びたい。そう思い始めたきっかけは、私がバレー部に所属して
いた際にプレッシャーからイップスを経験したからだ。イップ
スになると、心の葛藤によって筋肉や神経細胞、脳細胞にまで
影響が及び、実力を発揮できなくなってしまう。この経験から、
私はイップスが起こる仕組みに関心を持つようになり、心に悩
みを抱えているスポーツ選手を支えたいと思うようになった。
　<small>→メンタルトレーナーになりたい理由が明確に説明できていますね。</small>
　私はメンタルトレーナーとなり、スポーツ選手が本番で実
力を発揮できるようにデータ分析をもとにサポートしていきた
い。実力を発揮できない一因として、過緊張による自律神経の

バランスの乱れが挙げられる。私は選手の心がどのようにパ
フォーマンスに影響しているかを分析し、脳からの伝達の質を
上げ、的確に機能させられるようにしたい。

　以上のことを達成するために、私は貴学で公認心理師資格の
取得と脳と体の相互関係を軸に学び、メンタルトレーニングを
行う際の知識をつけていきたい。2・3年次では、認知・行動
ユニットの科目を選択する。神経・生理心理学では、神経の働
きや脳からの伝達の質を上げミスを減らす方法を学ぶ。行動分
析学では、選手の心がパフォーマンスにどのような影響を与え
ているのか分析できるようにする。4年次では、イップスが起
こる原因といわれている脳の仕組みについて研究したい。人は
本能として危機的状況に陥ると「逃げる・戦う・硬直する」の
三つのパターンを選択するといわれており、イップスはその中
で硬直するという選択を取るものだ。一度のミスが強い記憶と
して残り、同じ場面が来たときに、危機的状況として脳へ想起
されフラッシュバックし、結果的に硬直してしまう。この脳の
仕組みに深い関心があり、これをテーマとして探求したい。

　以上のことから、私は貴学の総合心理学部を希望する。

よかったポイント

　学びのテーマが具体的である（入学後、学修を進める中でテーマが変わるの
　は問題ない）。

もっとよくするためのポイント（参考にする際注意する点）

● **字数の関係上省略されているが、公認心理師の資格がメンタルトレー
　ナーにどのように関連するかや、データをどこから持ってきたかは書いて
　おくとよい。**

　私は、看護師として人の役に立ちたい。そのために、社会において必要な教養と、高度な専門知識や技術を身につけるべきだと考えている。

　私がこの目標を意識するようになったのは、祖父が倒れて入院した時である。意識が戻り状況を把握していない祖父は、半身麻痺になった体を受け入れられずにいた。ネガティブな発言をする祖父に対して、看護師の方は寄り添い続け、希望を持たせる話し方で明るく対応して下さった。そのおかげで、次第に祖父も希望を持ち始め、リハビリにも前向きに取り組むようになった。この姿を見て、医療処置だけでなく、患者さんそれぞれの状況に寄り添い、心のケアまでできるような看護師に、私もなりたいと考えるようになったのだ。

　　→具体的なエピソードで看護師になりたい、というだけでなく、どのような看護師になりたいかまで書かれていますね。

　この目標を実現するために、看護の知識や技術だけでなく、患者さんとの間で必要なコミュニケーション能力など精神的な面でも学びを深めたい。貴学では、「共生と看護」という基本理念が大切にされており、専門知識だけでなく多様性を享受することができる。また、貴学には少人数体制での手厚い指導や、習熟度に合わせた看護実習が魅力的であり、コミュニケーション力と看護精神を養う独自の指導がある。また、他学科の人と同じ校舎で学ぶことで、チーム医療を身近に感じることができる。そして、現場でもいかせるコミュニケーション能力を得ることが可能だ。

　近年、看護師の活躍の場が多様化する一方で、少子高齢化が
　　→教育理念や、カリキュラムの特徴と自分のなりたい看護師像がマッチしていることを示せていますね。
進み現場での人手不足が問題となっている。だからこそ、自ら考え臨機応変に対応する力が求められていると考える。「人の
　　→課題分析に相当する部分が締めの文章に入っています。
役に立つ」という仕事はたくさんあるが、看護師という仕事は身体面と精神面の両面から人助けができる。

　　貴学での学びをいかせば、確かな知識や医療技術だけでなく、幅広い視野を身につけ、患者さんの心に寄り添える看護師になることができると考えている。ゆえに、私は○○大学□□学部看護学科を志望する。

よかったポイント

ただよい看護師になりたいというだけでなく、どのような看護師になりたいかが具体的に書けている。

もっとよくするためのポイント(参考にする際注意する点)

- 課題分析の書き方がこの本で紹介したものとは異なっている。課題に対する理想や現状とリサーチをふまえた解決策を示すことが望ましい。
- 「大学での学び」について研究室、ゼミまで書けるとよい。看護系の学部では学ぶ内容の専門性が高く、自分が探究したい学びのテーマを具体的に書きにくい場合もあるが、学科のHPで研究室、ゼミなどは調べるようにする。

理系学部の志望理由書

　　私はマイクロプラスチックを分解する微生物を研究したい。

　　私は高校3年間、SDGsを学んでいる。SDGsは概して環境、社会、経済の三つの項目から成り立っており、私はその中で環境に焦点をあて、勉強した。そして、自治体のサマーセミナーで世界各国のごみ問題について発表した。しかし、セミナーの参加者から、「今も環境問題は解決されていない。SDGsという言葉に変わっただけで何が変わるのか」という意見を聞き、環境問題を共有する難しさを知った。そこで、私はSDGsを社会に認識させたいと強く思うようになった。

→自分の活動を通じて新たに得た問題意識が書かれており素晴らしいですね。

昨今、プラスチック問題が世界の注目を集めるようになり、欧米を中心にプラスチック離れが急加速している。そのような中、プラスチック廃棄物を他国に輸出している日本企業の取り組みの不徹底さに疑念を抱き、問題意識を持つようになった。

　そこで、貴学の環境学部で、私は「海洋問題」「海の生態系の問題」を4年間のテーマとして学び、特に○○教授の下で○○教授の研究テーマである「海洋微生物」「水圏微生物」を学びたい。これらを学んで私はプラスチック問題の中でも5ミリよりも小さな片のマイクロプラスチックの残留の解決に努めたい。現に、マイクロプラスチックはあまりに微細なため回収ができず、それらが藻類や動物プランクトンの成長を阻害しうると示唆されていた。しかし、腐植質の湖の微生物がこの成長阻害を回避していることが確認された。微生物がプラスチック表面を覆い、マイクロプラスチックの毒性を止める可能性があるのだ。このような微生物の多様性から、マイクロプラスチックを分解する生物は淡水と海水ではどのような違いがあるのかを研究したい。より専門的な知識を養うため、まずは今から排出していくプラスチックをいかに減らせるか、またマイクロプラスチックを分解している微生物が再び美しい海を取り戻すきっかけになるのかを深く学びたい。特に SDGs 基礎、生物学概論を1年次から学び、また国内でプラスチックをリサイクルすることの大切さを伝えたい。そして、アクティブラーニング授業やフィールドワークにより、現地で直接体験して得た知識や問題意識を生かし、より実践的な研究を行う。さらに、ロシア、中国、韓国の大学と相互交流協定を結んでいる国際交流プログラムに参加し、多文化交流の中で環境についての会話力を深めたい。環境問題は世界共通の問題であり、英語のコミュニケーション能力は、グローバル時代において必要になるからだ。

　卒業後は、微生物の分解力の研究、自然環境保全系科目の学

びを通して、海洋環境士として、豊かな地球環境の保全と新た
な海洋開発の推進を両立させることに貢献したい。
→「キャリア」が「大学での学び」とつながっていますね。
　そのために正しい理解を広め、海洋に対する総合的な知識と
ともに海洋調査及び地球環境分析に関する技術を保有し、将来
の海洋及び地球環境の保全を担っていきたい。
　よって、貴学への入学を強く希望する。

よかったポイント

**研究テーマに関連したことに高校から取り組んでいた点に加えて、その
活動を通じて考えが深まった過程が書けている。**
**研究したいテーマについて、事前にわかる範囲でリサーチをして問題意
識を具体的にしている。**

もっとよくするためのポイント（参考にする際注意する点）

● **理系学部なので、「キャリア」や「大学での学び」のパートで大学院進学
への意思についてふれてもよい。**

6日目

その他の出願書類を準備し
最後の見直しをしよう

自己推薦書・活動報告書などの書類の
書き方を実例とともに紹介します。
提出物全体を確認しながら
志望理由書の最後の仕上げをします。

自己推薦書を書いてみよう

　総合型選抜・学校推薦型選抜では、ここまで説明してきた志望理由書以外にも提出書類を作成する必要がある場合があります。中でも提出を求められることが多いのが、**「自己推薦書」**でしょう。まずは、「志望理由書」と「自己推薦書」の違いから説明していきます。

志望理由書と自己推薦書の違い

　志望理由書は、あなたの「これから」について書くものでした。志望理由書の目的は、あなたの将来のビジョンや志望度から大学とのマッチ度を示すことでしたね。

志望理由書に書くべきこと

- ・入学後どのような活動や勉強を行うのか?
- ・どうやって志望大学を活用するのか?　　　　　　　　　　　など

　このように、**未来のビジョンを具体的に書くこと**で、大学側に「これから」の自分を知ってもらうための書類が志望理由書でした。

　一方、**自己推薦書は、あなたの「これまで」について書くもの**です。
　つまり、**あなたの人となりや持っているスキルから大学とのマッチ度を示すことが目的**の書類です。

自己推薦書に書くべきこと

- ・これまで生きてきた中でどのような活動をしてきたのか?
- ・部活動は何をしてきたのか?
- ・自分の長所とは何か?　　　　　　　　　　　　　　　　　など

さらに、**これらの内容を自分の「これから」にどのようにつなげていくかを書**くことで、より魅力的な自己推薦書になります。

　大学とのマッチ度とは、すなわちアドミッションポリシーとの合致ということですから、自己推薦書で大学が求めているのは**「あなたが大学のアドミッションポリシーにどう当てはまっているか?」**を、**具体的なエピソードを用いて示すこと**です。

　具体的には、以下のような流れで書きます。

自己推薦書の流れ

　　① あなたが保有している、他の生徒とは違うスキルは何か?
　　② 実際にそのスキルが発揮されたエピソード
　　③ あなたの強みがいつ／どのような活動で／どう生かされたのか?

自己推薦書を書くときに気をつけるポイント

　例えば、下記のようなアドミッションポリシーだったとします。

　知的好奇心にあふれ、自ら主体的に学ぶ意志を持った学生

　AとBいずれの例のほうが説得力があるでしょうか?

A　　私は知的好奇心にあふれ、自ら主体的に学ぶ意志を持った人物です。

B　　私は知的好奇心にあふれ、自ら主体的に学ぶ意志を持っています。例えば、高校2年次の課題研究で、私は効率的なスト

レッチの方法について研究をしました。課題研究が終わった後も、自らの部活であるバレー部に研究成果を取り入れ、実践をすることで男女で効果的なストレッチ方法に違いがあるのではないかという仮説にたどり着きました。結局立証することはできませんでしたが、このように気になったことを徹底的に検証する姿勢を持っています。

　Aはアドミッションポリシーの言葉をそのままを繰り返しているだけです。しかしBではAと同じような書き出しに続けて、自分で試行錯誤して取り組んだ具体的なエピソードがあるため、説得力がありますね。

　比較のためにアドミッションポリシーと全く同じ表現を用いましたが、本番はあまりにも露骨に同じ表現を使うのはおすすめしません。意味を間違えないように注意しつつ、言い換えて書くことが前提です。

▶自己推薦書を書いてみよう

(STEP 1) 以下の六つの要素を挙げてみよう。

(1) アドミッションポリシーに当てはまる自分の性質や、アピールしたい特性

　例　積極性、リーダーシップ

(2) 取り組んだ活動

　例　剣道部での部長としての活動

(3) 陥った困難

　例　・部員から信頼されず、リーダーとして認められなかった。

　　　・チームの状況が悪かった。

(4) 解決したいという意思と工夫

　例　・部員へのヒアリングを行った。ヒアリングの結果をふまえ、チーム共通の目標設定を行った。

　　　・練習のとき、声出しを積極的に行った。

(5) 客観的に測ることができる成果

　例　・チームの雰囲気が改善した。

　　　・部長として頼られるようになった。

(6) (1)〜(5)をふまえた、自分の経験の大学での生かし方

例　・積極性を生かし、自分自身のコミュニティを広げる。

　　・ゼミでリーダーシップをとって、活発な議論を行えるようにする。

STEP 2 次の文例の[　　]に入る言葉を考えて、文章化しよう。

私は[　　　]という経験を通して、[　　　]を得ることができた。

[　　　]に取り組んでいたが、[　　　]という困難を抱えていた。

そこでこの状況を打破するため、[　　　]ということを考え、

[　　　]を実行した。その結果[　　　]という成果が出た。

これらの経験で培った[　　　]を生かし、大学では[　　　]に取り組んで

いきたい。

　　私は、剣道部の部長という経験を通し積極性とリーダーシッ
プを身につけた。2年次に剣道部に入部し、その後すぐに顧問
の先生に推薦され部長になることになった。しかし、途中から
入部したことや、元々消極的でコミュニケーションがあまり得
意でなかったことから、部員たちから全く信用されず、リーダー
として認識してもらうことができなかった。また、私が入部し
た当初から部内の雰囲気はとても悪く、チームとして芳しくな
い状況だった。私は、部長としての機会を最大限活用しようと
考え、部活動内を楽しく切磋琢磨できる環境にしようと奮起し
た。そのため、まず行ったことは、そもそも部員たちが部活動
に何を求めているのかを聞き出すことだ。その結果、練習内容
に不満を抱いている者、そもそも部活動内に目標がないことを
疑問視している者がいた。これらを踏まえ、部員全員で話し合
い、昨年度の成績を超えるという目標を立て、練習メニューを

一から立て直した。また、自らコミュニケーションをとること
を意識した。すると、部員全員の目標が一つになり、部活動内
の雰囲気も改善した。次に、これまで2年生の別の部員に任せ
ていた練習中の指示出しを積極的に自ら行った。すると、今ま
では全く頼ってくれなかった部員たちが次第に私のことを部長
として頼ってくれるようになった。このような経験を通して、
積極性とリーダーシップを身につけた。

　私は将来、シングルマザーが正規雇用に就けるよう職業訓練
や職業紹介がしたい。そのため、この経験を生かして貴学では、
以下の2点を重点的に行いたいと考えている。まず一つ目は、
積極性を生かし、自分自身のコミュニティを広げていきたい。
そして、多様な価値観に触れることで、よりよい職業とは何か
を模索したい。二つ目は、ゼミでリーダーシップを発揮し、議
論を活性化させることにより、全員が新たな着想を得られるよ
うな環境を作りたい。

活動報告書を書いてみよう

　「活動報告書」とはあなたが中学卒業後、つまり主に高校生活でどのような活動を行ってきたのかを大学に伝える書類です。客観的な情報を書くだけでなく、活動内容について、活動したあなた自身の視点からの振り返りも求められます。ポイントは、活動報告書で**評価されるのは活動の「成果」だけではない**という点です。**あなたが「何を考えどのように活動に取り組んだのか?」、そして、「その活動から何を学んだのか?」ということが重要**になります。

活動報告書の書き方

　活動報告書で何を求められているかは、大学によって異なります。ですから、**志望大学の要項を確認し、チェックしてから書きましょう。**「自分が高校生活で行ってきた活動を字数内で述べる形式」「活動ごとに振り返りを行う形式」「自己推薦を兼ねる形式」など、さまざまなパターンがあります。

　いずれのパターンでも、活動報告書は、次の二つの要素によって成り立っています。

活動報告書に書くべきこと

　① 活動のプロセス・成果を客観的に書く
　② そのプロセス・成果を通じて考えていたこと、その後考えたことを書く

　「活動報告書」では、**事実 (①) と解釈 (②) とを区別する**という点を意識する必要があるのです。

　①の事実の要素では、書面や資料を読む人が検索しやすいように、大会名や活動名は正式名称を書きましょう。当然ですが、虚偽の事実を書いてはい

けません。不正行為になります。

　客観的な「活動のプロセス・成果」を示すため、資料を別添することが求められる場合もあります。資料を別添する場合、活動報告書には、資料に書いてあることは簡潔にまとめるにとどめ、大会の規模などの補足的な事項を足すだけにしましょう。

　②の解釈の要素の、「成果・プロセスを通じて考えていたこと」「その後考えたこと」という部分は、**自己推薦書のSTEP 1**の(2)〜(5)（→p.138）の書き方に似ています。次の4点をまとめましょう。

　1. 取り組んだ活動
　2. 陥った困難
　3. 解決したいという意思と工夫
　4. 客観的に測ることができる成果

　大学側が「活動報告書」を提出させる最終的な目的は、**主体性の評価**です。ただ、「活動報告書」は活動自体のアピールがメインなので、②の解釈の部分の字数が増えすぎないようにしましょう。

▶活動報告書を書いてみよう

STEP 1 　中学卒業後に起こった出来事を整理しよう。

例　高校1年生1学期　　中学から引き続き管弦楽部に所属。

　　高校1年生2学期　　文化祭のクラス企画でお化け屋敷を出す。

　　高校1年生3学期　　海外研修に参加。海外の小学校で、日本文化について発表。

　　高校2年生1学期　　英検二級取得。

　　高校2年生2学期　　模擬裁判選手権参加。
　　　　　　　　　　　　地域の音楽イベントに参加。

　　高校2年生3学期　　部活動引退。

　　高校3年生1学期　　体育祭のリレーで1位をとった。

STEP 2 そこから学んだことを時系列で箇条書きにしてみよう。

例　高校1年生3学期　海外研修：興味関心が同じであること。言葉の壁。

　　高校2年生2学期　模擬裁判選手権：物事を多角的に見ること。当たり前を立ち止まって考えること。

　　高校2年生2学期　地域の音楽イベント：地域の人との交流が増えた。

　　高校2年生3学期　部活動引退：楽曲を作り上げる達成感。問題解決のために部員のさまざまな意見を聞くこと。

（STEP 3）活動を選ぼう。基本的には一つ、どうしてもアピールしたいことがあり要項上問題なければ、最大三つを目安に挙げよう。

例　管弦楽部での活動、海外研修、模擬裁判選手権

（STEP 4）以下の4点を、質問に答える形でまとめてみよう。

(1)　その活動に参加したきっかけは？　当初はその活動の中でどんなことがしたかったのか？

　　例　海外の人とコミュニケーションを取りたいと考えた。

(2)　活動の中でどんなことをした？　そして、どのような困難にぶつかったのか？

　　例　海外研修で自分の想いを伝えられないもどかしさを感じた。

(3)　その困難を、あなたはどのように努力、あるいは工夫して乗り越えたのか？

　　例　帰国後に英検取得に向け努力した。

(4)　結果として、どのような成果を残したのか？

　　例　コミュニケーションスキルを深めた。

客観的に補足できる情報がないか整理しよう。

その活動について客観的な資料を添付できない場合は、自分が行ったことや考えたことだけでなく、**「参加した大会の規模」**や**「獲得した賞の価値」**などを補足する説明を入れて、採点者が客観的に評価しやすいようにしましょう。

例　・校内英語スピーチ大会で入賞した。

　　→全校生徒1000人中上位5名に入った。

　　・化学コンテストで優秀賞を取った。

　　→第2回高校生化学コンテストで2位に相当する、優秀賞を獲得した。

▶活動報告書の実例を読んでみよう

　私が中学・高校を通して打ち込んだ活動は、部活動と特別活動です。

　部活動では「管弦楽部」に約5年間所属し、フルートを担当しました。部活動を通して約100名の部員で演奏する一体感や、楽曲を皆で作り上げる達成感を得ることができました。部員たちの多様な意見を聞き、自ら率先して行動し問題を解決する力も身につけることができました。また、個人でも音楽の楽しさをより多くの人に伝えるため、地域のイベントに参加したところ、子どもから高齢者の方まで多くの方々に喜んでいただけました。その結果、街で声を掛けていただく機会が増え、地域の方々と交流を深めることができました。

　学校の特別活動では「海外研修」と「模擬裁判選手権」に参加しました。海外研修ではホームステイを通して、ジェスチャーや簡単な単語の羅列でなんとなく伝わるものの、きちんと伝えられないもどかしさや言語の壁を感じました。また、現地の小学校を訪れ、日本の文化について発表したところ、日本のアニメの認知度の高さに驚きました。生活習慣や文化の違いはあっても、楽しいと感じることは同じだと知ることができ、自分の考えを言葉できちんと表現したいという思いから、帰国後は英検取得に向け努力しました。模擬裁判選手権では証言や物証から物事を多角的に見る力や当たり前だと思うことを一度立ち止まって考えてみる大切さを学びました。

　これらの活動を通して、コミュニケーションスキルを高め、対人理解を深めることができました。また、仲間と協力する大切さと、何事にも楽しんで取り組む前向きな姿勢や思考の柔軟性を養うことができました。

学修計画書を書いてみよう

「学修計画書」とは、**大学４年間でどう学びを進めるか、という計画**を書いた書類です。内容は基本的には、「大学での学び」（→p.74）の要素と同じですが、独立した「学修計画書」として提出を求められる場合は、学修計画をより詳しく書く必要があります。

わざわざ学修計画書の提出を求めるのはなぜかというと、**あなたの学修計画・大学のカリキュラムへの理解度・大学卒業時に身につけていたい力を、より具体的に知りたいと大学側が考えている**からです。

ただ、書類の名前が学修計画書であっても、実際に求められている内容は志望理由である場合もありますので注意してください。

学修計画書の書き方

志望理由書の「**大学での学び**」と同じく、まずは１年次から４年次まで、半期ごとにどの授業やプログラムを活用するかをシミュレーションしましょう。

授業名を羅列するのではなく以下の４点を盛り込みましょう。

学修計画書に書くべきこと

① どのようなカリキュラムを受講・プログラムを受講するのか？

② ①を通じて、どのような力を身につけたいのか、どのように次の段階の学びにつながるのか？

③ 卒業時に到達したい人物像、身につけていたい力などが明確か？

④ それらは、その大学ならではの強みや特色を踏まえたものになっているか？

アドミッションポリシーだけでなく、カリキュラムポリシー、ディプロマポリシーも意識してください。シラバス、大学のホームページ、大学学部の紹介冊子・動画なども活用して、具体的な学修計画書に仕上げていきましょう。

　必修科目（授業・演習・卒業論文）や必修の実習については、他の科目より優先して触れるとよいでしょう。

▶「学修計画書」の実例を読んでみよう

　私は将来、メンタルケアのスペシャリストである看護師になることを目標としている。また、看護師自身の心の問題について研究し、過度のストレスによる離職の減少と看護師の健康増進によって、質の高い看護が継続的に提供される社会の実現に貢献したいと考えている。そのために、貴学で次のような計画で学びたいと考えている。

　1年次では、看護の本質や看護師の在り方を徹底的に学ぶ。また「心の理解と共有」や「心理学」などの科目を履修し、人の心について理解を深める。さらに、他学部の科目の履修やサークル活動を通して、他学部の学生との交流を深めてさまざまな価値観に触れ、広い視野と豊かな人間性を養う。患者の多様な背景や状況に寄り添うためには、心の理解や豊かな人間性を養うことが必要であると考える。

　2年次では、1年次よりもさらに専門的な看護学を徹底的に学ぶ。母性看護学で、妊婦の身体や心理的特徴、新生児への看護等を教わる。また、乳児からお年寄りの方まで幅広い年代に対する看護を学び、技術を身につける。その技術を応用して、大学病院や高齢者施設の実習で経験を積み、技術をより高めていく。

　3年次では、精神看護学において○○教授からリエゾン精神学の基礎を学び、心のケアについて研究する。また、座学だけでなく大学病院や外部施設での本格的な実習を通して、患者とその家族の心のケアを学ぶ。そして、「先端医療技術」や「先端看護学」を履修することで日々進化する医療を学び、専門性や質を高めていきたい。

4年次での看護研究では、看護師のメンタルヘルスについて研究したいと考えている。看護師自身の心の問題を解消し、質の高い看護が継続的に行われる社会の実現に向けて、実習や精神看護の知識を活かして研究する。そして、最終的には看護師国家資格を取得する。

　1、2、4年次では、医療系三学部合同教育プログラムを通して医学部・薬学部とコミュニケーションを取り、リエゾンナースとして活躍するために専門職の連携の在り方を学ぶ。また、患者中心のケアや医療の提供をするために、幅広い視点で医療チームへの理解を深める。

　卒業後は患者と看護師の心のケアについてより深い研究をするために、大学院で精神看護について学びたい。大学院卒業後は産婦人科と精神科で働いて経験を積み、その後、精神看護専門看護師として働きたいと考えている。洞察力や柔軟な対応力を持ち、患者とその家族に癒やしをもたらす看護師となり患者を支えたい。さらに、看護師のメンタルヘルスにも気を配り、看護師の心の健康増進と離職率の低下に貢献したい。

　以上のような計画で、メンタルケアのスペシャリストになるために貴学で学びたいと考えている。患者とその家族の心に寄り添い、心の看護を実践したい。さらに日々進化する医療を学び続け、継続的に質の高い看護が提供される社会に貢献できるようになることをめざしている。そのためのステップを貴学で踏み出したい。

その他の出願書類を書いてみよう

その他にはどんな出願書類があるのか？

ここまで、**「志望理由書」**（→p.28 〜 p.84）**「自己推薦書」**（→p.136）**「活動報告書」**（→p.142）**「学修計画書」**（→p.148）の書き方についてレクチャーしてきました。

しかし、大学ごとにいろいろな提出書類があるため、上記に当てはまらない書類もあります。そんな例をいくつか紹介します。なお、書類の名称にルールはなく、すべての大学で名称と内容が統一されているとは限りません。**同じ名前の書類でも、求められる内容は異なっている場合もあります。**書類の名前から離れた内容の記述を求められることもあるので、注意が必要です。また、知らない名前の書類の提出が求められた場合でも、**書くべき内容の提示はあるはずですから、設問に沿って答えることを意識して書けば大丈夫です。**

▶自由記述について

「自由記述」とは空欄のスペースが与えられて、志望理由や自己ＰＲに関することを自由に表現する書類です。文章の形式に限らず、Microsoft PowerPoint（マイクロソフト パワーポイント）や Adobe Illustrator（アドビ イラストレーター）といったソフト（アプリ）を使って作成してもよいことが多いです。

ただ、文章以外の内容も盛り込めるからといって、あれもこれもと詰め込みすぎないように気をつけましょう。何が言いたいかわからなくなってしまいます。また、体裁を整えることに時間をかけすぎることはおすすめしません。

▶課題論文について

大学でのレポート形式に合わせた本格的なものもあれば、事前提出の小論文のことを課題論文と呼ぶ場合もあります。

課題論文では、**思考力や情報リテラシーがチェックされます。**志望理由書と同じくらい、もしくはそれ以上に時間がかかる場合もありますので、注意しま

しょう。どんな課題論文の場合でも忘れてはならないのは、**参考文献を必ず書いておくこと**です。

▶エッセイについて

「エッセイ」の記述を求める設問には、参考文献を記入する必要があるような課題論文に近い設問もありますし、志望理由書だけでは測れない人間性を見るために比較的自由に書かせる設問もあります。日本語のエッセイは、随筆的な文章を指すことが多いですが、英語のessayという言葉には「論文」という意味もあります。エッセイという語感に惑わされず、**設問に沿って書きましょう**。

提出書類全体のバランスを考えよう

どの書類についても、大前提として重要なのは、**設問に答えられているかどうか**です。提出する書類すべてについて、書く内容がある程度固まった段階でバランスのチェックをしましょう。書類全体で設問が複数ある場合は、解答内容が重複してしまいがちです。本来アピールしたい項目が抜けてしまっていないかもチェックをするようにしましょう。

▶内容の重複について

基本的には、提出書類の限られた文字数の中で同じことを何回も書くのは文字数がもったいないですから、異なる設問の間での内容の重複は避けるべきです。とはいえ、設問によっては、答えの内容が似通ってしまう場合もあると思います。ある設問で詳しく答えたことに、どうしても別の設問でも触れなければならないときは、2度目に取り上げる場合には端的にまとめるなどして、**極力相手に伝える情報量を増やすための工夫をしましょう**。

▶アピール項目が抜けていないか?

複数の設問に答えると、アピールしたいことを網羅して書けたような気になってしまいますが、与えられた設問にただ答えるだけでは伝えるべきことが抜け落ちてしまうこともあります。そのようなことがないように、基本に立ち返って見

直しをする必要があります。

　見直しをするときは、**志望理由書の五つの要素**（「きっかけ」、「課題分析」、「**解決策**」、「**キャリア**」、「**大学での学び**」）と、**アドミッションポリシーへの合致度**の2点をチェックするとよいでしょう。

　基本的には、設問で聞いている内容が大学側が重視している要素です。もし抜けている要素が発覚したとしても、設問で聞かれていなければそれには簡潔に触れるだけで十分です。

書類を最終チェックしよう

日本語がおかしくないかチェックしよう

　どんなに素晴しい内容でも、誤った日本語を使用していたら、減点されてしまいます。このようなことが起きないように、次の11点を確認しましょう！

日本語をチェックするときのポイント

① 「です・ます調」か「だ・である調」かに統一しよう
② 主語と述語が通っているかを確認しよう
③ 「ら抜き言葉」をやめよう
④ 陳述の副詞を適切に使っているかを確認しよう
⑤ 口語表現になっていないか確認しよう
⑥ 接続詞の使いすぎは避けよう
⑦ 文頭・文末・助詞の重複は避けよう
⑧ 必要に応じてひらがなで表記しよう
⑨ 「　」と『　』を使い分けよう
⑩ 文法、語彙の注意点を確認しよう
⑪ 間違いやすい漢字を確認しよう

▶修正のテクニック

　これから、チェックすべき項目を紹介していきますが、書いた文章を一から読みながら修正点を探していくのでは、非常に時間がかかってしまいます。

　そのため、文書ファイルでWindowsの場合は「Ctrl+F」、またMacの場合は「Command+F」を使って文章内検索をかけることがおすすめです。

　「Ctrl+F」もしくは「Command+F」を押すと検索窓が表示されるので、その中に文字を入力して「Enter」を押してください。すると、該当する箇所が示されます。表記や内容をチェックしたいキーワードや文字を重点的

に確認できて便利ですから、ぜひ使ってみてください。

① 「です・ます調」か「だ・である」調かに統一しよう

▶「です・ます調」「だ・である調」とは

　「です・ます調」とは、文末を「〜です」「〜ます」などの丁寧語に統一する文体のことで、**敬体**と呼ばれます。読み手に丁寧で柔らかな印象を与えます。
例　私はりんごが好き**です**。

　「だ・である調」とは、文末で敬語を使わず「〜だ」「〜である」などと書く文体のことで、**常体**と呼ばれます。「です・ます調」よりも強い断定形になり、やや堅い印象を与えます。
例　私はりんごが好き**だ**。

　塾で指導する際には、**基本的に「だ・である調」を推奨**しています。「だ・である調」のほうが文字数を抑えられ、その他重要な書くべきポイントの文字数を増やすことができるからです。

▶統一すべき理由

　「です・ます調」と「だ・である調」を混在させるのはNGです。誤った使用法なので減点されてしまうこと、文章のリズムがバラバラになり読み手にストレスを与えてしまうことがその理由です。必ず統一するようにしましょう！

▶「です・ます調」と「だ・である調」の混在の修正例

修正前
　私の夢は、映画が人々の人格形成にどのような影響を与えているのかを研究することです。そのために、貴学を志望する。私は、物心ついた頃から映画に心を奪われていました。毎日学校から帰っては映画を見続け、それは1か月に100作品見るほどでした。そのような中で、とあることに私は気がつい

たのです。感銘を受けた映画の影響で、私の性格や考え方が変わっていることにである。このことから、映画は人間の人格形成において強く影響を及ぼしているのではないかと考えるようになった。

修正後

　私の夢は、映画が人々の人格形成にどのような影響を与えているのかを研究することだ。そのために、貴学を志望する。私は、物心ついた頃から映画に心を奪われていた。毎日学校から帰っては映画を見続け、それは1か月に100作品見るほどだった。そのような中で、とあることに私は気がついた。感銘を受けた映画の影響で、私の性格や考え方が変わっていることにである。このことから、映画は人間の人格形成において強く影響を及ぼしているのではないかと考えるようになった。

---

② 主語と述語が通っているかを確認しよう

　志望理由書などの出願書類を添削していると、以下のような誤りが多くの文章で散見されます。
○ 主語と述語がねじれている
○ 主語と述語が離れすぎている
　主語と述語をきちんと対応させ、主語と述語の箇所をなるべく近づけて書くようにしましょう。

▶主語と述語のねじれとは

　文章の中核を担っているのは、「主語」と「述語」です。この「主語」と「述語」が正しくつながっていないと、筋の通らない文章になったり、意味がわかりづらくなったりしてしまいます。これを**主語と述語のねじれ**といいます。

▶主語と述語のねじれの修正例

修正前
　私たちのこの活動は、ネットメディアに取り上げられ、地方自治体からも好評いただき、さらなる躍進を期待している。

（主語）私たちのこの活動は　（述語1）取り上げられ　（述語2）好評いただき　主語は「活動は」ではない

修正後①
　私たちのこの活動は、ネットメディアに取り上げられ、地方自治体からも好評いただき、さらなる躍進が期待されている。

修正後②
　私たちのこの活動は、ネットメディアに取り上げられ、地方自治体からも好評いただいた。市長からは、さらなる躍進を期待していると言われた。

▶離れすぎている主語と述語

　主語と述語が離れていると、非常に読みづらい文章になってしまいます。また、一文が長くなればなるほど、主語と述語のねじれは起こりやすくなります。そのため、以下の点を満たす文を書くようにしましょう。

◯ 一文は40 〜 60字に収まるようにすること
◯ 主語と述語をなるべく近づけること

▶離れすぎている主語と述語の修正例

修正前
　文部科学省は、小学校・中学校・特別支援学校などの子どもたちに一人一台の端末を支給し、通信ネットワークを整備することで個別最適化された教育をめざす GIGA スクール構想を推進することを**発表した**。

修正後　文部科学省は、GIGA スクール構想を推進すること
を発表した。これは、小学校・中学校・特別支援学校の子ども
たちに一人一台の端末を支給し、通信ネットワークを整備する
ことで個別最適化された教育をめざすものだ。

長すぎる文は、このように二文に分けると読みやすくなります。

次の例も、やはり主語と述語が離れすぎている場合です。

修正前　高校 2 年次にタイフィールドワーク研修に参加した
際、2 週間の研修期間中に現地の高校やスラム、山岳民族の村
を訪れたが、その際訪問したタイ北部にあるパンラオ村で、自
分の問題意識を刺激する出来事があった。

───▶ 「自分」が「訪れた」部分と、「出来事」が「あった」という部分が一文に
含まれていて読みづらいです。

修正後　高校 2 年次にタイフィールドワーク研修に参加した
際、現地の高校やスラム、山岳民族の村を訪れた。その際、自
分の問題意識を刺激する出来事があった。

こちらも、二文に分けました。読みやすくなっていますね。

③ 「ら抜き言葉」をやめよう

▶「ら抜き言葉」とは
　「ら抜き言葉」とは、言葉の一部として必要な「ら」の文字が抜けてしまって
いる「見れる」「来れる」といった言葉を指します。日常的に「ら抜き言葉」を

意識せずに使っている人も多いと思いますが、フォーマルな場や書き言葉では避けるべきなので注意しましょう。

例　パクチーも**食べれる**（**食べられる**が正しい）。

例　明日塾に**来れる**（**来られる**が正しい）。

例　難しいことは**考えれない**（**考えられない**が正しい）。

▶「ら」が必要かどうかを見分ける方法

　「ら抜き言葉」かそうでないかは、「**よう**」を付けられるかどうかで判断しましょう。例えば「食べよう」のように「よう」が付く場合は、「食べれる」はら抜き言葉です。

例　食べる→食べ**よう**→**食べられる**（「よう」が付くので「ら」が必要）

例　分ける→分け**よう**→**分けられる**（「よう」が付くので「ら」が必要）

例　開ける→開け**よう**→**開けられる**（「よう」が付くので「ら」が必要）

④　陳述の副詞を適切に使っているかを確認しよう

　陳述の副詞とは、述語の陳述の仕方に呼応して用いられる副詞です。簡単にいうと、特定の副詞を使うときには、それに対応して文末で決まった表現を使う必要があるということです。きちんと決まった表現が文末に来ているかをチェックしましょう。

▶陳述の副詞の例

打ち消し	**決して**（悪く）**ない**	仮定	**もし**（大会が延期になっ）**たら**
	少しも（寒く）**ない**		**たとえ**（世界中が敵になっ）**ても**
推量	**おそらく**（大丈夫）**だろう**	例え	**まるで**（魔法の）**ようだ**
疑問	**なぜ**（来ない）**のか**	願望	**どうか**（笑って）**ください**
	どうして（こうなった）**のか**		**ぜひ**（おこし）**ください**
打ち消し推量	**まさか**（ありえ）**ないだろう**		

⑤ 口語表現になっていないか確認しよう

　口語表現とは、主に話し言葉において用いられる表現を指す言葉です。書き言葉を使うべき正式な文書で口語表現が使われていると、減点対象になってしまいます。口語表現と意識せずに使ってしまっている表現もあると思いますので、次のリストで注意すべき口語表現を確認しましょう。

▶注意すべき口語表現リスト

話し言葉	書き言葉	話し言葉	書き言葉
やる	行う	いろんな	さまざまな
ダメだ	不十分だ	〜していて	〜しており
〜じゃない	〜ではない	だんだん	次第に、徐々に
〜しちゃった	〜してしまった	どんどん	急速に、ますます
〜しといた	〜しておいた	やっと	ようやく
なので、だから	したがって、そのため	絶対に	必ず、紛れもなく
けど、けれども	〜 (だ) が、〜 (で) はあるが	ちゃんと	きちんと、正しく
でも、だけど	しかし、だが	〜みたいな	〜のような
とっても、すごく	非常に、たいへん、極めて	〜したとき	〜した際
もっと	より	どんなに	どれほど
だいたい	およそ、約	しかも	さらに、加えて
いい	よい	やっぱり	やはり
全然	全く	一番	最も
こんなに／そんなに／あんなに	これほど／それほど／あれほど	どっち	どちら、いずれ

⑥ 接続詞の使いすぎは避けよう

▶省ける接続詞を探そう

　接続詞は文をつなげるときに便利なので、乱用しがちですが、なるべく多くならないように次の2点に気をつけてください。

1.同じ接続詞を使いすぎていないか?
2.接続詞を省いても意味が通じるか?
という観点で省ける接続詞がないか確認しましょう。

▶接続詞の使いすぎの修正例

修正前

　私は大学受験に合格した。**そして、**高校を卒業し大学が始まるまでの間暇になった。**それから、**人生初のアルバイトを始めた。お金を稼ぐということの大変さを実感し、**そして、**同時に喜びも感じた。**すると、**重要なことに気がついた。

修正後

　私は高校を卒業し、大学に進学するまでの間、人生初のアルバイトを始めた。その経験から、お金を稼ぐことの難しさを実感したと同時に喜びも感じた。そして、重要なことに気がついた。

〔まとめ直すフレーズを加える〕

　接続詞の連続を避け、「その経験から」というフレーズでまとめ直すことで、読みやすい文章になっていますね。

⑦　文頭・文末・助詞の重複は避けよう

▶重複表現によるストレス

　文頭・文末で同じ表現が続くと、文章のリズムが悪くなり、つたない印象を与えてしまいますし、読み手にストレスをかけることにもなります。読みやすい文章にするために、同じ表現を使いすぎていないかを確認し、修正しましょう。

▶文頭表現の重複

　文頭が「私は〜」という表現で始まっていることに着目して、次の例を見てみましょう。

修正前　　　私が貴学を志望する理由は、△△学を研究されている○○教授の存在による。私は教授の著書である『□□』を拝読し、私はその素晴らしさに感激したとともに私が今世に生きるテーマを与えられたと感じた。私は人生の中で、日々朦朧とした意識で歩いてきた気がしている。そのような私にテーマを与えてくれたのだ。

修正後　　　私が貴学を志望する理由は、△△学を研究されている○○教授の存在による。教授の著書である『□□』を拝読し、その素晴らしさに感激したとともに今世に生きるテーマが与えられたと感じたのだ。人生の中で、朦朧とした意識で歩くような日々を過ごしていた私に深いテーマを与えてくれたのだ。

▶ 文末表現の重複

文末で毎回「〜だ」を使っていることに着目しましょう。

修正前　　　私が貴学を志望する理由は、多角的な学問を学び、その後専門的な学びを行うことができるからだ。私の将来の夢は、絶対的貧困に苦しむ発展途上国の子どもたちを救済することだ。このことを思うようになったきっかけは、高校3年次に参加したベトナムでのフィールドワークだ。

修正後　　　私が貴学を志望する理由は、多角的な学問を学び、その後専門的な学びを行うことができるからだ。私の将来の夢は、絶対的貧困に苦しむ発展途上国の子どもたちを救済することである。このことは、高校3年次に参加したベトナムでの

フィールドワークがきっかけになっている。

▶ 助詞の重複

助詞「の」を繰り返していることに着目して読んでみましょう。

修正前

私のゼミの教授の専攻分野は金融史だ。

修正後

私が所属するゼミの教授は、金融史を専攻分野とし
ている。

⑧ 必要に応じてひらがなで表記しよう

漢字とひらがな両方で表記することができる場合でも、ひらがなを使うほう
が読みやすい言葉があります。漢字を使うと読みづらく感じられる場合がある
ので注意しましょう。

基本的なルールとして、「補助動詞」「副詞」「接続詞」「代名詞」「助詞」
「助動詞」「連体詞」「感嘆詞」はひらがなにするように塾では指導しています。
ほかにも、「…という目標」などのように、「人が何かを『言った』」わけではな
いときには、「…と言う」ではなく「…という」を使います。

以下のリストに、ひらがなを使うほうが読みやすい言葉をまとめました。

▶ ひらがなで書いたほうが読みやすい漢字リスト

漢字	ひらがな	漢字	ひらがな	漢字	ひらがな
創る	つくる	何時	いつ	更に	さらに
若しくは	もしくは	事、物、時	こと、もの、とき	何処	どこ
様な	ような	出来る	できる	為	ため

⑨ 「　」（カギかっこ）と『　』（二重カギかっこ）を使い分けよう

▶「　」カギかっこ

　短い引用を示すときや、論文などのタイトルを示すときは「　」を使いましょう。

例　メメントモリは「○○」ということを指摘している。

　　カビラの「怒り」という論文。

▶『　』二重カギかっこ

　書籍などのタイトルを示すときや、カギかっこの中にカギかっこを入れたいときには『　』を使いましょう。

例　夏目漱石の『こころ』。

　　「『目的』をさがす。」

⑩　文法、語彙の注意点を確認しよう

　志望理由書などの提出書類を書く際に、注意すべき文法・語彙があります。次にまとめましたので確認してください。

○「教授のもと」の「もと」の表記は、「**もと**」か「**下**」。

○何回も同じ言葉を使うときは、「**同○○**」とする。

○何回も志望の大学や学部名を使うときは、「**貴学**」「**貴学部**」とする。

○1年時→**1年次**

○送り仮名のミスがないか？

○「〜たり」という形を一度使ったら、あとに続く動詞も「〜たり」にする。

　　例　「笑ったり、泣いたり」

○一文が40字〜60字程度になっているか？（長くなりすぎていないか？）

⑪ 間違えやすい漢字を確認しよう

▶間違えやすい漢字リスト

○ 学習と学修の違い

学習：学ぶこと。

学修：知識・技能を学んで身につけること。

→大学のホームページを見てどちらを使うかを決めてください。

○ 制作、製作

制作：芸術作品に使う。　　例　絵画を制作する。

製作：実用的なものに使う。　　例　本棚を製作する。

○ 退職、離職、辞職

退職：現在の職から退くこと。（解雇は含まない）　　例　定年退職する。

離職：雇用関係がなくなって離れること。　　例　離職率が高い企業。

辞職：自らの意思で退くこと。　　例　責任を取って辞職する。

○ 作る、創る、造る

作る：一般的な表記。

創る：新しいモノやコトを生み出すときに用いる。→ひらがなで書きましょう。

造る：有形の比較的大きなものに用いる。　　例　スカイツリーを造る。

○ 初めて、始めて

初めて：最初。　　例　初めてスカイツリーを見た。

始める：行い始める。　　例　試合を始める。

○ 挙げる、上げる

上げる：上下に関わるものが中心。　　例　温度を上げる。

挙げる：上下に関係なく成果に関するもの。　　例　例を挙げる。

○ 超える、越える

超える：ある一定の基準を上回るもの。　　例　100万円を超える収入。

越える：ある地点・物事の範囲を通過するもの。　　例　国境を越える。

○ 不可欠、不可決

不可欠：なくてはならないこと。

不可決：誤記。間違った漢字です！

○ 元、基、下

元:物事の始まり。　例　元の画像

基:物事の土台や基礎。　例　彼の資料を基に新しい論文を書く

下:①下という意味。②影響や支配の及ぶ範囲。　例　○○教授の下〜

○ 収める、納める、治める、修める

収める:中に入れる。結果を得る。静める。　例　カメラに収める。

納める:しかるべきところにしまう。　例　金庫に納める。

治める:混乱が起こらないようにする。　例　国を治める。

修める:自分を高める努力をする。　例　学問を修める。

○ (身に) 付ける、着ける

身に付ける:知識や技術。

→ひらがなで書きましょう。

身に着ける:衣装や装身具。

○ 〜の方→〜のほう

「〜のかた」とも読めてしまうので。

○ 固定概念、固定観念

固定観念:思い込み。

固定概念:「固定観念」の誤記。使わないようにしましょう!

▶ 意味の重複

毎 (試合) ごとに　→　毎試合、試合ごと　(「毎」と「ごと」の重複)

各 (校舎) ごとに　→　各校舎、校舎ごと　(「各」と「ごと」の重複)

第一回目　→　一回目、第一回　(「第」と「目」の重複)

一番最初に　→　最初に、一番に　(「一番」と「最初」の重複)

書類の字数を調整しよう

　必要な要素をすべて入れながら出願書類を書いていくと、指定されている字数をオーバーすることが多いと思います。そこで、書き終えたところで、指定の字数に合わせて文章をスリムにしていく作業が必要です。

　もし字数が足りない場合は、求められている情報量を満たせていないかもしれないことを疑いましょう。抜け落ちている要素や、説明が不十分な箇所がないかを確認して足りないところを追記してください。まずは、字数がオーバーすることは気にせずに、一通り書いてから、以下のポイントに従って文章の量を減らす作業をするようにしてください。

文章をスリム化するには

　文章をスリム化するときのポイントは下記の二つです。

　　① 優先度の低い文章を減らす
　　② それぞれの要素の目的に直接関係ない文章を削る

① 優先度の低い文章を減らす

　まったく同じ文章を何度も書いている、ということはあまりなくても、つい同じようなことを重ねて書いてしまっている場合はありますよね。

　字数制限がある中で、同じ内容を繰り返すのは無駄なので、基本的には重複している部分を削るようにしましょう。もちろん、削るとどうしても意味が通らなくなる場合は、その限りではありません。

　例えば、「きっかけ」で熱意を示すために書いた行動と、「課題分析」でより深く課題を分析するために行ったアクションが同じ、という場合などが考えられます。どちらを削るほうが違和感がないかよく検討して調整してください。

② それぞれの要素の目的に直接関係ない文章を削る

「きっかけ」「課題分析」「解決策」「キャリア」「大学での学び」の五つの要素の目的を再確認し、それぞれの要素に直接的な関係のない文章を削っていきましょう。また、常識の範囲でわかるであろう単語の説明も不要なので、ここで同時に削りましょう。

特に学修計画やキャリアに関しては、すべてを書いていてはキリがありません。自分のやりたいことや専門的に学びたいことの説明になるものを優先して書くようにしましょう。次のスリム化する前後の例を読み比べてみてください。

スリム化前

1年次では一般教養科目の履修を通じて、2年次以降への専門科目の理解に必要な知識の幅を広げたい。2年次では金融コースに進み、ファイナンス論や経済統計学を履修し、専門分野の基礎固めをする。3年次では金融工学のゼミに入り、金融機関論や資本市場論の授業の履修と合わせて専門性を高める。4年次では投資銀行におけるリスク管理手法の研究をし、卒業論文にまとめたい。これらの学びは金融業界での投資銀行業務に携わる上で必要である。

スリム化後

2年次から金融コースに進み、3年次からは金融ゼミで投資銀行におけるリスク管理手法についての理解を深めたい。専門的な金融・ファイナンスの知識を得ることで投資銀行での業務に必要な専門性を身につけることができる。

ここで大切なのは、「どの分野を専門にするのか?」「なぜその大学であるのか?」ということを説明できていることです。具体的には「専門分野を決めるゼミ」と「大学の特徴が表れているカリキュラム」が書けていて、かつ「それらが自分のやりたいことにどう役立つか?」が書けているとよいでしょう。

コラム③ 「出願前」「出願時」にやるべきこと

　受験生のみなさんの多くは「書類を準備して、郵送で提出する」ということに慣れていないと思います。出願前のさまざまな準備から、書類を郵送して出願が完了するまで、チェックしておくべきことはたくさんあります。まず、絶対に押さえておいてほしいのが下記の4点の「必須事項」です。

必須事項

① 清書以外のことは、先にすべて済ませておく
（遅くても1週間前までに）
└ 証明写真撮影、個人情報を書く書類、調査書、活動実績や
　英語実績の書類、受験料支払い
② 清書には丸1日かかるので、余裕をもって行う
③ 出願する際は、不備がないか何度も確認する
④ 面接準備の際に使用するので、出願書類はコピーを取っておく
└ ネット出願の人は、提出したデータをPDFにして印刷しておく

　ここからは、出願前と出願時までに分けて、確認すべきことを紹介します。チェックリストになっていますので、ぜひ活用してくださいね。

出願前にやるべきこと

1.基礎情報をチェックしよう

□ 出願書類を取り寄せる。（複数部取り寄せよう）

□ 募集要項を確認する。（正しい年度のものか注意しよう）

□ 過去問を確認する。（英語、小論文などが主であることが多い）

□ 試験内容を確認する。

☐ 出願資格を確認する。

☐ 課題はどのようなものがあるか、確認する。

☐ 出願日＆試験日を確認する。

☐ 出願締め切りは、消印有効か必着かを確認する。

☐ Webエントリーの有無を確認する。（IDとパスワードを忘れずに）

☐ 受験料の振り込み期間を確認する。

☐ 提出する郵便局を確認する。

2-1 出願に必要なものを確認しよう

☐ 調査書（夏休み前にもらおう）

☐ 鉛筆・ボールペン（太めのものがよい）

☐ 修正液・修正テープ（使用の可否は要項を確認しよう）

☐ のり

☐ 封筒角形2号（A4サイズの書類を折らずに入れられる）

☐ 透明なファイル

☐ クリップ

☐ 両面テープ

☐ 印鑑（自分の名字のハンコ。朱肉を使うタイプ。100円ショップのものでよい）

☐ 証明写真

2-2 証明写真について

☐ 清潔感を意識して撮る。（服装、髪の毛、ヒゲ、メイクなど）

☐ 夏休みが終わるまでに撮る。（学校が始まると、案外時間がない）

☐ 写真の裏に「名前」「高校」「志望学部」を書いておく。

☐ 制服NGかどうかを要項から確認しよう。

出願時にやるべきこと

1. 出願について

□ 郵便局に持っていかないとならない日程を確認する。（「消印有効」と「必着」
では日程が変わるので注意）

□ 郵送料を確認して用意する。（速達や簡易書留にする場合、別途料金がかかるの
で注意する）

□ 受験料を振り込み手数料も含めて用意し、振り込む。（提出当日に振り込むの
は論外）

□ 提出書類のコピーを取っておく。

□ 出願書類は「クリップ」で留めて「新品の透明なファイル」に入れ、「A4サイ
ズの紙が入る角型2号の封筒」で提出する。

2. 添付資料について

□ オンラインでの課題提出を早めに済ませておく。（ギリギリだとサーバーが混雑
する）

□ 資格の証明書をコピーして、夏休みが終わるまでに実績証明書を完成させ
ておく。

□ PDF資料の出力紙を添付する際には、拡大・縮小のミスに気をつけ、書類
の端が切れていないかを確認する。

□ 家庭用の通常のプリンターだとコピーができない大きい賞状などのサイズを
確認して、コンビニなどでコピーを済ませる。

3. 清書について

□ 一大学に丸一日かかると考えて時間を確保する。

□ 訂正印として使う印鑑を用意する。

□ 間違えた場合は書き直す。（訂正印や修正液・修正テープは最後の手段）

□ 清書は絶対に一人で家で行う。（公共のスペースで行って、他の人の手が当たる
などして、書類が破れたり汚れたりすると大事故）

□ 間違えたときのために、記入前の出願書類は多めに用意しておく。

□ 人生で最も丁寧な字で書く。(字の印象はかなり合否を左右する)

□ 訂正の仕方を募集要項で確認する。(大学によって異なる)

4. 封筒関連

□ 宛先の敬称として御中と書く。

□ 表紙に宛先を正しく記入する。(宛先をのりで
貼ることもある)

□ 宛先がすでに印字されている場合、「○○大
学行」と印刷されていることが多い。そのとき
は「行」に二重線を引き、左横に「御中」と書
く。

5. その他

□ 出身校の高校コードや、全日制の学科などを調べておく。(生徒情報の書き込
みに必要)

□ 受験番号は、ほとんどの場合出願時には割りあてられない。(提出時にわから
なくても慌てないこと)

□ 調査書に、英語資格や活動歴などをできるだけしっかりと書いてもらう。

□ 封筒に貼る宛名書類がある場合、インターネット出願完了画面から印刷する。

7 日目

面接の準備をしよう

志望理由書を提出し終わったら、
今度は面接にどう備えるべきかをお伝えします。
頻出質問ごとに、答え方のポイント
も紹介します。

面接に向けて、志望理由書を
もう一度読み込もう

志望理由書の一貫性がなぜ大切か

5日目でも志望理由の一貫性がなぜ大切かを説明しました。**面接においても、志望理由書に書いた内容を一貫性を持って説明できることは重要です。**

志望理由書に書いてある内容に矛盾がなく、かつ自分でその内容を把握し整理できていると、面接での質問で深掘りされても一貫性のある受け答えをすることができます。また、志望理由書が面接官に理解しやすい形でまとまっていると、より突っ込んだ内容を聞いてもらえて、自分の考えをより深いところまで伝えるチャンスを得られるというメリットもあります。

自分で出した志望理由書の内容を自分で完全に把握している、というのは当たり前のように感じるかもしれませんが、実は簡単なことではありません。志望理由書は要素も多く複雑なためです。しっかり志望理由書を読み込んで、整理し直して面接に備えることが重要です。

文章の丸暗記はやめよう

さて、面接対策をする上で一番やりがちな間違いは、「予想質問とそれに対する回答を文章化して丸暗記する」ことです。確かに、自分の知らない質問が出たら怖いでしょうし、本番でうまく答えられないかもしれないから暗記してしまおうという気持ちはわかります。ただ、この後「面接の基本を知ろう」のパート（→p.180）でも解説するように、丸暗記した文章を思い出しながら読み上げるように答えてしまうのでは「面接官とのコミュニケーション」にならず、一方的な「スピーチ」でしかありません。

ですから、相手にしっかりと自分の考えや熱意を伝えるためにも、志望理由をがむしゃらに丸暗記するのではなく、**「自分がなぜそれをやりたいのか？」****「その実現のためになぜこの大学で学ぶ必要があるのか？」**ということを端的

に説明できるようにしましょう。さらに、**深掘りされてもしっかり答えられるよ
うに、まずは自分で自分の文章の論理を整理し、完全に理解する工程が必要
なのです。**

志望理由書を読み直してツッコミどころを探そう

　もちろん、できるだけ論理的で一貫性があり、情報に過不足のない志望理
由書を仕上げることをめざしてほしいのですが、大学教授たちが読んで、「完
全に論理的に正しい」「情報に過不足がない」と感じられるような書類を仕上
げるのは、不可能といってよいと思います（面接が設けられている理由の一つと
して、書類だけだと判断できない部分を補完するためというのもあります）。あなたの提
出した書類にも、おそらく説明不足な点があることでしょう。

　5日目でも「あなたのことを知らない大学教授」になったつもりで志望理由書
を点検する作業をしましたね。(→p.116)

　面接に備えて、ここでは、**自分でツッコミどころを探す**、つまり、自分で
自分に質問するという方法をご紹介します。**これの過程で出てきたツッコミ
どころを補完していくと、自分の志望理由の内容をより論理的に整理できま
す。**質問例は、①Why?、②So what?、③For example?、④What is your
source?です。それぞれ詳しく説明していきますね。

▶質問例① なぜ？（Why? 理由、因果関係）

　これが一番わかりやすい質問だとは思います。

　「なぜ？」という観点で見直していくと、**理由がきちんと説明できていない部分
や、論理が飛躍している部分**に気づくことができます。慣れていないうちはト
レーニングとして、すべての文に対して「なぜ」と問いを投げかけてみてください。

▶質問例② この要素は何を伝えたくて入れましたか？

　（So what? 最終的な主張）

　乱暴にいうと「だから何？」ということです。この文章を入れることで**最終的
に何を伝えたかったのか**ということを確認します。「なぜ？」と論理的には対に

なる質問なので、ダブっていると感じてしまう部分もあるかもしれません。

▶ 質問例③　例えばどんなものがありますか？（For example?＝具体例）

　文章の調整をしているうちに具体例を削ってしまったり、抽象的に説明をしてしまい、具体的なイメージが自分でも湧かなかったりする部分があるかもしれません。そうした箇所には具体例を入れてわかりやすくする必要があります。

▶ 質問例④　出典は？（What is your source?　データや数字の出典）

　志望理由書の上では、すべてのデータや数字に出典を示す必要はありませんが、聞かれたときは答えられるようにしておく必要があります。

　以上が代表的なツッコミどころを探す質問ですが、これら以外の観点でも自分で読んでいて違和感がある部分は解消するようにしてくださいね。ツッコミどころが見つかったら、面接官に聞かれたつもりで、答えを声に出して言ってみましょう。そして、**答えが事実として合っているのか確認し、客観的な根拠も答えられるようにしましょう。うまく答えられなかったものは、リサーチをして知識か論理を補強しましょう。**

他の人に見てもらおう

　今までは基本的に自分自身でチェックをする、ということを前提に説明してきましたが、他の人の力を借りてチェックをしてもらうことも有効です。

　面接においては当然、面接官に書類を読まれ質問されます。

　自分では散々見直したつもりの書類でも、他の人の目線で客観的に見ると、伝わりづらい点、説明が不足している点が出てくるものです。友達や学校の先生などに書類を見てもらい、どんなところにツッコミを入れたくなるかを聞いてみましょう。このとき志望理由書からツッコミどころを探してもらう人に先ほどのチェック用の質問を伝えておくと、スムーズに指摘してもらえると思います。面接のやりとりの練習をしてもらうとさらによいです。しかし、それが難しい場合は、2分ほどで志望理由を口頭で話し、感想をもらうこともおすすめです。

受験生で一番、 志望する分野に詳しくなろう

志望理由書を提出した後も、考え、調べ続ける姿勢を持とう

　この本の説明に沿って志望理由書の「きっかけ」「課題分析」「解決策」「キャリア」「大学での学び」という五つの要素を書いていくと、志望理由書に書き入れた内容は、書くために調べて考えたことの氷山の一角にすぎないことがわかると思います。このような**「志望理由書には入らなかった部分」も大切です**。面接では、書類には書いていない部分や字数の関係で削らざるをえなかった部分についても質問されることがあるからです。

　特に指示がなければ、志望理由書には学修計画を1年生〜4年生まで学年ごとに書く必要はありませんが、自分の中では具体的にシミュレーションをしてまとめておくと有効でしょう。

　調べて考えた内容のうち、**志望理由書に入らなかったことも、面接までに再度整理しておきましょう。**

　面接において特に補足すべきポイントは、以下の三つです。

面接のときに補足するポイント

　　①「解決策」のこと
　　②「キャリア」のこと
　　③「大学での学び」のこと

▶①　「解決策」のこと
　基本的に志望理由書に書く「解決策」案は一つですが、検討した末に選ばなかった「解決策」もメモしておきましょう。
　また、課題についてリサーチしたいろいろなデータも整理しておいたほうがよいでしょう。書類を仕上げる際は調べることに必死になっていて、調べた内容

を整理している人はおそらく少ないと思います。面接の前までに、課題について調べた内容を見返しながら、しっかり整理しておきましょう。

▶② 「キャリア」のこと

「キャリア」は字数の関係上、書類の上では短めにまとめる必要がありますが、**面接では深掘りされるかもしれないため、具体的に考えることが重要です。**

「大学卒業後、どうするのか?」「5年後、10年後はどうするのか?」など5年刻みでシミュレーションしてみましょう。受験生である今は、将来の仕事のことはイメージしにくいかもしれませんが、具体的に年齢や期間を絞り込んで想像してみると多少イメージしやすくなると思います。

ここで特に役立つのがロールモデルの存在です。ロールモデルとは、「考え方や行動のお手本となるような人」のことですから、あなたが「こうありたい」「目標にしたい」と思う人について、「何歳のときに何をしていたんだろう?」「どんな経験を積んで、今の道に進んだのだろう?」などといった観点で調べて、参考にしてみてください。

▶③ 「大学での学び」のこと

「大学での学び」は、書類では詳しくても1学年ごとのことが多かったと思います。実際の大学生活の具体的なイメージを持つためには、**学期(二学期制の場合は前期・後期、クォーター制の場合はクォーター)ごとにシミュレーションしておくことをおすすめします。**必修科目や、留学、大学・学部ごとのカリキュラム、就活やインターンの計画などを、可能な限りイメージして調べておきましょう。ここでしっかり調べておいたことで、入学後の大学生活を充実したものにすることに役立ったという生徒さんの声も多いです。

提出書類の内容に
もし、間違いがあったら

　提出した書類の内容のチェックや裏取りをしていると、自分の書いた内容に誤りが見つかることもあると思います。「これが原因で落ちてしまうのではないか？」と心配する人もいますが、過剰な心配は不要です。間違いに気づけたことだけで儲けものです。すでに提出してしまった以上、誤字脱字などはどうしようもありませんが、内容については面接で修正ができます。

　もし面接で間違っている箇所に関連する内容について聞かれたら、「当時は○○と考えていましたが、提出後見返して、◎◎だと気づきました」というように口頭で修正することも可能です。もし面接中にふれられなかった場合は、「最後に何か質問はありますか？」と聞かれた際に、同じく口頭で修正するという方法もあります（細かい間違いなら特にふれなくても構いません）。

　間違えたことに対する言い訳をしたり、ごまかしたりしたくなるかもしれませんが、言い訳やごまかしは印象が悪くなるだけなので、潔く誤りを認め修正しましょう。

　「間違っていたときが怖いから、提出した後の書類チェックはしない」と言う人もいます。その気持ちはわかりますが、もし間違いがあったときに、気づけないほうがむしろ損になります。先ほど話したように、**間違いを見つけたら面接で巻き返せる可能性もありますし、本番に自分で気づいていなかった指摘を面接官から受けて動揺する可能性も減るのです。**また、書類を見返さないと、面接までの期間に内容を忘れてしまうこともあり得ます。定期テストや他の行事で忙しくても、自分の考えを言語化したものである提出書類を定期的に見直すことをおすすめしています。

面接の流れ

面接に慣れていない受験生の方も不安にならないでください。面接にはだいたい決まった流れがありますので、あらかじめ流れを確認して、落ち着いて本番に臨みましょう。

「待機中」「入室の流れ」「着席の流れ」「面接中」「退室の流れ」に分けて説明します。

面接の流れやマナーを確認できる動画をYouTubeで公開しています。「AOI面接」で検索して、ぜひ活用してください。

▶待機中

時間に余裕を持って控え室に着いておきましょう。スマホを触ったり、大声で話したりしないように注意してください。直前に見直したい資料がある場合は、印刷して持っていき、待機中に見直しましょう。

▶入室の流れ

① ドアを3回ノックする
② 「どうぞ（どうぞお入りください）」と言われたら、ドアを開けて、「失礼します」と言って入室する
③ ドアを閉める。その際、ドアを後ろ手でしめないように注意する（面接官にお尻を向けないため）

最初の印象は重要なので、元気よく笑顔で入りましょう。「失礼します」はドア越しなこともあるため、特に意識して大きな声でハキハキと発声しましょう。

▶着席の流れ

① イスの位置まで進み、イスの横に立って待機する
② このタイミングで受験番号を聞かれることが多い。聞かれたら「受験番号・学校名・名前」を名乗り、「本日はよろしくお願いします」と挨拶する
③ 「着席してください」と言われたら、イスの前に移動し、「失礼します」と軽くおじぎをしてから浅めに腰掛ける
④ 男性は肩幅程度に足を開き、手をグーにして膝上に置く。女性は足を閉じ、手を膝上で重ねるとよい

　イスの前に移動してから、着席するのがポイントです。背筋を伸ばした姿勢にしましょう。

▶面接中

　多くの場合志望理由から聞かれ、その後に志望理由の深掘りや、他の質問がされます。あくまで相手あっての面接なので、面接官との会話であることを忘れず、一方的にならないようなコミュニケーションを心がけてください。面接中は、基本的に着席時の姿勢を保ち、背筋を伸ばして座りましょう。

▶退室の流れ

① 「本日は以上です（これで面接を終わります）」と言われたら、その場で立ち、イスの横に移動し、「本日はありがとうございました」とお辞儀をする
② ドアの前まで歩き、面接官のほうを向き「失礼します」と言って、ドアを開け退室する
③ ドアは後ろ手で閉めたり、乱暴に閉めたりせず、面接官のほうに向き直ってゆっくり閉める

　ここでは最もフォーマルな流れを解説しました。面接本番のイメージができたでしょうか？　実際は、時間制限や会場の制約があるため、「ノックとかお辞儀とかいいから早く入って」と言われたり、荷物台が用意されていたりすることもあります。受験番号を聞かれる順番が本書でご紹介した流れと異なることも、当然あります。しかし、一度面接の流れをロールプレイしておけば、そうした事態にもあわてずに対処できるでしょう。落ちついて個々の大学の入試要項や面接案内に従い、面接に臨んでください。

　面接において大切なのは、「**話している内容**」と「**話すときの態度**」それぞれが基準を満たしていて、かつ矛盾がないことです。**話している内容**は、あなたが話したセリフを文字起こししたようなものです。**言語情報**とも呼びます。

　話すときの態度は、言語情報以外の面接官の目や耳から入る情報のことです。例えば、姿勢、表情、声の大きさなどですね。これらを**非言語情報**とも呼びます。

　面接においてはこれらのどちらもないがしろにできませんが、残念ながら、多くの受験生がどちらかのみに注目した練習をしてしまいがちです。しかし、**人間は言葉と態度を統合して相手が本当のことを言っているかどうかを無意識に見抜こうとします**。ですから、言葉（言語情報）と態度（非言語情報）が矛盾しているのは好ましくないのです。

　棒読みで「この大学に絶対入学したいです」と言っても熱意は伝わりませんよね？　面接において、「話す内容」だけに注目する人は、予想質問とその回答を丸暗記しようとするでしょう。しかし、暗記したものを答えようとすると、どうしても「態度」の面にネガティブな作用が表れてしまいます。

　丸暗記の副作用として、

○「なんだっけ…」と暗記してきたことを感じさせるセリフを言ってしまう。
○ 思い出すために目が左右に泳いでしまう。

などの失敗をしやすくなってしまうのです。

　反対に、「**話すときの態度**」のみを意識してしまう人がいますが、これもよくありません。表情や抑揚などが完璧で流ちょうに話していても、内容が支離滅裂では合格できません。面接でめざしたいのは、「相手にしっかり伝える工夫をする」「矛盾していると思われるような不自然さをなくす努力をする」ことです。「相手に媚を売る」「過剰に演じる」必要はありません。

あくまで**「言語情報（内容）」と「非言語情報（態度）」が一致していること**が
ポイントなのです。

　面接では次の3点を行うことが求められます。
1.あらかじめ言いたいことを整理し、記憶してある状態で
2.質問を受けて、条件反射ではなく、考えをまとめて
3.対話相手（面接官）が、理解しやすいように発話し、相手に好印象を与える

　これらは、実はあなたがふだんの会話で無意識にしていることを、面接という形式にあてはめて行っているだけです。
　逆にいえば、ふだんの会話でNGなことは、もちろん面接でもNGです。次のような状態にならないように気をつけましょう。
○ 自分の考えを自分でも整理できていない
○ 質問内容を吟味せず、とりあえず暗記した内容を答えている
○ 対話相手のことを考えずに、思ったことをそのまま話している
○ 対話相手にわかりやすく伝える努力をしていない
　基本的には、ふだんの会話で望ましいとはいえないことや不自然だと感じられることは、面接本番でも避けるべきでしょう。もちろん、「自分の中で知識を整理する」「フォーマルな話し方を覚える」という面接に向けての準備・練習は必要ですが、**面接も面接官との「会話」であるという意識で臨みましょう。**

論理的に答えるためには

　面接で重要なのは**話している内容**（言語情報）と**話すときの態度**（非言語情報）が一致していることだとわかりましたね。ここからは言語情報（言葉）の具体的な評価基準について確認します。
　話している内容面において重要なのは、**「論理的な返答、対話ができているか」**という点です。では、論理的な返答をするにはどうすればよいのでしょうか。
　ポイントは次の二つです。

論理的な答え方のポイント

① 結論を最初に述べる
② 一・二文で収まるように根拠や具体例を補足する

例　所属していた部活動は何ですか？
　　→はい。美術部です。昔から絵を描くことが好きで、得意だか
　　らです。

　ちなみに、この結論を答える前の「はい」にも意味があります。この「はい」
は、はい・いいえで可否を示す意味での「はい」ではなく、面接官からの質問
を理解しましたよ、という意味で使います。
　これを冒頭につけることで、沈黙の時間を少なくすることができますし、一瞬
ですが、考えを整理する時間が作れます。

▶結論ファースト！
　面接では、**「聞かれたことに答えられているか？」という点が最も大切**です。
面接官が一番知りたい情報は何か、といったら質問への直接的な答えですよ
ね。ですから、**面接では重要なことから先に言う**という癖をつけましょう。これ
を「結論ファースト」といいます。ちなみに、これは小論文においても重要な考
え方です。

　生徒さんに非常に多いのが、最初に結論を言うと自分が考えた過程が伝わ
らないのではないかと不安になり、結論に至るまでの思考をそのまま話したり、
前提を話しすぎたりしてしまうケースです。しかしそういう流れで話すと、話し
ているうちに自分が何を言いたかったかわからなくなってしまうおそれがありま
す。**また、聞いている側にも「結局何が言いたいんだろう？」と思われてしま
います。**
　それを防ぐためにも、また論理的に述べるためにも、**まずは聞かれたことに
対する結論を言う**ようにしましょう。

NG例

質問：所属していた部活動は何ですか？

→バレーボールも好きだし、体を動かすことも必要だと思った
ので、迷ったのですが、自分の中で最も好きな絵を描くこと
を優先させて美術部を選びました。

よい例

質問：所属していた部活動は何ですか？

→はい。美術部です。

結論から話すためには、自分の志望理由を深く把握して、質問に応じて必要なことをすぐ引き出せるように頭の中で整理しておかなければなりません。

ただし注意してほしいのは、結論ファーストというのは「なんでもいいからパッと思いついたことを言って、後から理由をくっつける」というものではないということです。自分の知識の範囲外の質問や、その場で考えさせるような質問が来たら、**「少々お時間を頂いてもよろしいですか?」などと伝えて考えを整理する時間をもらう**といった方法もあります。

▶結論の次には根拠もしくは具体例

とはいえ、聞かれたことに対して本当に「結論だけ」述べると、解答が端的になりすぎてしまいます。また、結論だけ伝えると、論理が飛躍してしまったり、抽象的すぎてイメージがわきにくかったりすることもありますよね。

そこで、**結論の次には根拠を添える**ようにしましょう。
根拠は「なぜなら〜」「その理由は〜」というフレーズを使って答えるとよいです。相手に伝わりやすく、何を言うべきか迷いにくいからです。

例

質問：入学後に取りたい授業は何ですか？

→はい。経済学入門です。なぜなら、専門である経営学とも関連
性があり、教養科目の中でも関心を持って学べそうだからで
す。

ただ、これも続けすぎると機械的になってしまいますし、必ずしも根拠がいらない質問も中にはあります。その場合は、**具体例を添えましょう。**

例

質問：得意科目は何ですか？

→はい。英語です。特に長文読解が得意です。

結論さえしっかり答えられていれば、その後は面接官が深掘りしてくれるので、答えが短いことでやりとりが続かないことを心配する必要はありません。それよりも、返答が長くなりすぎることに注意しましょう。面接で与えられる時間は決まっているので、だらだら話してしまうと本当に話したいことが話せません。

また、志望理由や自己PRなどを1〜2分で答えるように指定される場合もあります。そのような場合に備え、志望理由と自己PRについては、1〜2分で話せるように練習しておく必要があります。（→p.190 〜 192）

よい印象を持ってもらうために

言語情報と非言語情報のうち、ここでは**非言語情報（態度）**について解説します。

態度の与える情報を大きく二つに分けると、**視覚情報**（目から入る情報）と**聴覚情報**（耳から入る情報）があります。それぞれチェックポイントがあるので確認しておきましょう。

▶視覚情報① 身だしなみは整っているか

現役生で制服がある学校なら制服で、制服がない高校や既卒生はスーツで面接に臨むことが多いと思います。

新しいものを買うことは必須ではないものの、黄ばんだシャツや穴の空いたローファーで面接に臨むのは避けたいところです。

頭髪に関しては、髪の長い人は後ろでくくったり、顔にかかる前髪を上げたりすると、表情がよく見えるようになるでしょう。

個性を評価する入試である推薦入試で、画一化した容姿を推奨するのは心苦しいですが、現状の面接官の反応を見る限り、ノイズ（面接官が話を聞く上で邪魔になる要素）はできるだけ取り除くほうが、本当に伝えたいことが伝わりやすくなるといえると思います。

身だしなみで気をつけるべきこと

・ひげはそっているか？

・過剰なメイクはしていないか？

・ワックスはベタベタにしすぎていないか？

・メガネのレンズはきれいか？　※メガネとコンタクトはどちらでもよい

・派手な髪色でないか？

▶視覚情報②　目線や表情、手の動きなどは話の邪魔になっていないか

　話すときに相手と目を合わせなかったり、話している内容にそぐわない表情をしていたり、貧乏ゆすりをしていたりする人の話の内容は、あまり頭に入ってこないものです。

　面接中は、基本的には面接官と目を合わせるようにしましょう。

　目をじっと見つめすぎると緊張してしまう、威圧感を与えるかもしれないと不安に思う必要はありません。多くの場合、面接官は複数いますので「複数の面接官と交互に目を合わせる」「目ではなく眉間の辺りを見る」などの方法で対処しましょう。

　また、面接中はむやみに手や足を動かしすぎないようにしましょう。たまに、面接中ずっと身振り・手振りを交えて話をする人がいますが、そうすると面接官はあなたの話の内容に集中できなくなってしまいます。身振り・手振りを交えること自体は悪いことではないのですが、一番強調したいことを話すときのみに使うなど、メリハリをつけましょう。また、貧乏ゆすりは落ち着かない印象を持たれるのでしないように気をつけましょう。

▶聴覚情報① 声のトーン・大きさ・テンポ・明瞭さは適切か

　声については、気をつけたいポイントがいろいろとあります。**相手に内容が伝わりやすくするように心がけて、大きくはっきりと発声することが基本です。**

　声のトーン（高低）といっても、もともとの声の高さを無理に変えるということではありません。ここでいうのは声の張り具合ということでしょうか。ふだんの会話よりは、やや遠くにいる相手に声を届けるイメージを持って話してみるとよいでしょう。面接では緊張していることが多いので、ふだんの会話のときよりも早口になってしまったり、声が小さくなってしまったりしがちだからです。

　志望理由などを話した自分の音声を録音して聞いてみて、
・**声が小さすぎないか？**
・**速すぎたり遅すぎたりしないか？**
・**声がこもったり、言葉が聞き取りづらかったりしないか？**
など、自分の話し方を客観的にチェックしましょう。自分が話しやすい声のトーン・大きさ・テンポを見つけて、本番でも自信を持って話せるように意識して発声練習しておくのがおすすめです。

▶聴覚情報② ひげ言葉・言いよどみ・言い直し・沈黙が生まれていないか

　話しているときに発してしまう「あのー」「えっとー」などの不要な言葉を「ひげ言葉」と呼びます。「えー」「そのー」「えっと」「なんだっけな」などもそうですね。ひげ言葉は**無意識に口から出していることが多く、自分ではなかなか気づきにくい**ですが、面接官からすると気になるものです。

　ひげ言葉と、それに伴う言いよどみ・言い直し・沈黙についても、録音した自分の音声を聞いて自分のくせを自覚して、気をつけるようにしましょう。

　本番で詰まったり言葉を噛んでしまったりしても、焦らずに落ち着いて言い直して話せば大丈夫です。少しゆっくりを意識して話すことで、緊張していても落ち着いて話しているように受け止められます。

　なお、上記以外に気をつけたいノイズが、スマホの着信音です。**面接前には必ずスマホの電源をオフにすることを忘れないようにしましょう。**

志望理由・志望理由書についての質問

　志望理由については、非常に高い確率で、面接の冒頭に質問されると考えておいたほうがよいでしょう。

　志望理由書と内容は同じはずなのに、なぜ改めて面接の場で聞くのでしょうか？　それは、今までも強調してきた通り、あなたが本当にこの書類を書いたのか確かめるため、これからする質問の前提になる回答を期待しているためです。

質問例

　「本学を志望された理由を教えてください」

「志望理由をどうぞ」

答えるときのポイント

- **志望理由を簡潔に答えましょう。**
  - …各要素について話しすぎるとあっという間に時間オーバーするので、自分は何がやりたいのか、そのためになぜ○○学を○○大学で学ぶ必要があるのかという**志望理由の全体像を意識しながら話しましょう。**
- **他の質問は30秒〜1分ほどで答える必要がありますが、「志望理由」と「自己PR」は例外的に2分ほど使ってもよいです。**
  - …ただし、人が1分間に話せる文字数が300字くらいなので、どれだけスムーズに話し続けても600字が限界です。
- **予想質問と答えの暗記は推奨しませんが「志望理由」と「自己PR」についてはある程度話す内容を固めていってもよいです。**
  - …ただし、相手に伝えることが最も重要なので、覚えた内容をただ読み上げるだけになってしまったり、内容を忘れて目が泳いだりするようなことがあってはいけません。

▶**質問バリエーション**

・本学を知った理由を教えてください。

・本学に興味を持った理由を教えてください。

・○○学を学びたい理由を教えてください。

・本学以外でも○○を勉強することはできると思いますが、それでも本学に入学したいと思う理由は何ですか？

・本学をめざしたきっかけは何ですか？

・なぜそのような夢を持ったのですか？（きっかけを深掘りしたい）

・あなたの目標に対して、本学にどのような期待を持っていますか？
　（学ぶ目的、大学に行く目的、志望大学の特徴を知った上での志望理由があるかを知りたい）

・志望理由書の○○の情報は、どこから引っ張ってきたの？

・志望理由書で提出した内容から成長した点は何ですか？

あなた自身についての質問

　高校時代を中心に、あなたがどのような人物なのかを聞かれます。

　基本的には、アドミッションポリシーに沿っている人物かどうかが見られています。アドミッションポリシーは大きく、①**知識**、②**思考力**、③**主体性**の三つに分けて定義されていることが多いので、自分がどの要素をアピールしたいのかは事前に決めておきましょう。

質問例

「1分間で自己PRしてください」

「あなたの長所と短所を、実体験をふまえて教えてください」

答えるときのポイント

● **「結論→具体的なエピソード」の順番で話しましょう。**

　…自己PRも、志望理由と同じく長めに時間を取って答えてよいのですが、先に結論から述べて、ダラダラと話さないようにしましょう。1分で話せ

ることは多くて、1〜2個です。

●**二つのエピソードを話す場合は、冒頭で二つあることを示しましょう。**

また、自己評価は偏りがちです。他者評価や自己分析をふまえて、自分を客観視できているということを伝えられるようにしておきましょう。**欠点・短所を聞かれたら、ごまかさず、改善策までをセットで話すことで前向きな主体性を示しましょう。**

> **▶質問バリエーション**
> ・高校時代どんなことを頑張ってきましたか?
> (主体性と頑張ってきた結果何を得たのかを示す)
> ・5年後、10年後の自分はどうなっていると思いますか?
> ・好きな科目と嫌いな科目、またその理由を教えてください。
> ・自己紹介をしてください。
> ・留学の話を聞かせてください。

大学・学部についての質問

志望している大学、学部が求める人材についてしっかり理解しているかどうかを聞かれています。入学後にミスマッチが起きないかどうかを見極めるための質問です。また、大学での学修計画がしっかりと立てられているかも見られています。学修計画を立てるために調べたことは大学に入った後にも役立ちますので、モチベーションを上げるためにも徹底的にカリキュラムやプログラムを調べて対策しましょう。

ある生徒の事例では、教員について調べておいたおかげで、面接本番に知っている教員が出てきて緊張しなかったということがあったそうです。

質問例

「本学のアドミッションポリシーと建学の精神を説明してください」
「本学に入学された場合、どのような授業を履修したいですか?」

答えるときのポイント

● **「なぜこの大学でないとダメか?」に答える。**

…大学、学部に関する質問では、根本的には「なぜうちの大学でないと
ダメなの?」という問いに答える形になります。ここで求められるのは何
より**具体性と、その大学・学部ならではの特色と自分のやりたいことと
のマッチ具合**です。

直接的にやりたいことと学部名が結びついている場合(弁護士になりたい
から法学部)などならよいのですが、場合によっては一見結びつきが弱そ
うな場合もあります。そのときには**自分の中でロジックを整理しておい
て、答えられるようにしましょう。**

▶**質問バリエーション**

・本学のアドミッションポリシーや建学の精神が、あなたにどのように合っ
  ているのか教えてください。

・あなたが本学に入学された場合、受けてみたいプログラムなどはありま
  すか?(大学の講義、プログラムについても調べているか、夢の実現に必要な要
  素をわかっているのかを見ている)

・本学ではなくても、そのことに関して学べるのではないですか?

・なぜ、本学の○○学部で学ぶのが夢を実現するのに最適だと考えたの
  ですか?

・4年間の学修計画はありますか?

・本学に入学したら、4年間でどんな成長を遂げたいですか?

・本学入学後、授業以外に取り組みたい活動などはありますか?

・本学が提供しているボランティアの何に参加したいですか?

・どのような資格を取りたいですか?

「志望学部の分野に関する知識があるかどうか?」「それについて日頃からアンテナを張っていて、かつ、それに対する自分の考えを持っているか?」を知るための質問です。

「ふだんから読書をしているか?」「情報を集めているか?」という、知的好奇心も評価されています。

質問例

「〇〇(志望学部に関係する内容)についてどう思いますか?」

「〇〇(一般常識に関する内容)についてどう思いますか?」

「あなたが今最も関心を持っている時事問題は何ですか?」

「あなたが関心を抱いている本は何ですか?」

答えるときのポイント

● **気になるニュースをストックしておきましょう。**

…時事問題を聞かれたときに対応できるように、志望学部の分野に関連する・しないに関わらず、**ニュース、新聞、書籍などにふれて気になるニュースを自分の中でストック**しておきましょう。

● **自分の主張を根拠とともに話しましょう。**

…さらに、「この問題については、自分はこういう解釈で、こう考えています」というふうに、**知識だけでなく、自分の主張を根拠とともに話せるようにしておく**ことも必要です。

時事問題や読んだ本について話すときは、**事実と自分の考えを分けて話す**ようにしましょう。

▶**質問バリエーション**

・最近見たニュースで気になったものは?

・特定の時事問題についてどう考えますか?

・志望理由書に書いていた〇〇に関連してる××は知ってる?

・好きな本は何ですか?

・最近読んだ本はありますか?

職業・キャリアについての質問

志望理由書でも**「キャリア」**について書いたと思いますが、志望理由書よりも踏み込んだ内容を聞かれます。面接官は卒業後のキャリアを具体的に考えることができているかを知りたいと思っているのです。

質問例

「卒業後にどのようなキャリアを考えていますか?」

「この職業である必要は何ですか?」

答えるときのポイント

● **キャリア・職業に具体性があるか、シミュレーションをしっかりできているかを見られています。**

… 「大学院に進むのか?」「就職するのか?」「起業するとしたらいつなのか?」など**卒業後5〜10年ほどのキャリアは少なくともシミュレーションしておきましょう。**大学での学びをどう生かすのかという観点も持って答えられるとよいでしょう。

● **具体的な職業を書いた場合は、実際にその職業に就くための要件や求人の実態も確認して、それをふまえて答えましょう。**

… 例えば、海外の大学院を出ている必要があるとか、大学の中でどのような資格を取る必要があるか、などについて知っておく必要があります。

・将来のビジョンは何ですか?

・大学で学んだことを、将来どのようにいかしたいですか?

・どのような形であなたのプランを実現しますか?

・院には行くの?

・転職は考えている?

・起業するって書いてあるけど、いつするの?

・起業したいと書いてありますが、どういうプランを持っていますか?

・志望理由書に書いてあるゴールを達成するために何をしますか?

・○○という職業に就きたいとのことですが、その求人条件を知っていますか?

変わった質問

　多くの質問はここまで説明してきた「志望理由」「あなた自身」「大学・学部」「知識・教養」「職業・キャリア」のどれかに入るでしょう。しかし、これらのいずれのカテゴリにも入らない、事前に予想できないような質問が急にやってくることもあります。このような質問をすることによって受験生の**とっさの対応力や、その場で考える力を見たいという意図があります。**

質問例
「あなたを動物に例えると何ですか?」

「生まれ変わったとしたらどのような人生を歩みたいですか?」

答えるときのポイント

● **大学側は、予想できないような質問が来たときのその場で考える力を見ています。**

　…予想外の質問に驚いてしまうかもしれませんが、とにかく黙り込んでしまうことだけは避けましょう。

● **「結論→根拠」や「結論→具体例」という基本の話し方を守りながら、その場で考えたことを諦めずに話しましょう。**

> **▶質問バリエーション**
> ・生きる力って何だと思いますか?
> ・昨日何してた?
> ・総合型選抜がダメだったらどうするの?

　慣れない面接に不安がある人も多いと思います。一人で模擬面接ができる動画もYouTubeで公開していますので、練習をくり返していきましょう。「AOI模擬面接」で検索してください。

おわりに

　この本を最後まで読んでいただきありがとうございました。この本があなたの志望校合格の助けになれば幸いです。

　気が早いかもしれませんが、大学進学後の話もしておきます。志望理由は大学入学後、卒業後まで見据えて考えたものですが、実際のところ、書類に書いたことから「やりたいこと」や「学びたいこと」が変わる人はたくさんいます。しかし、安心してください。書類作成のために考えたことが無駄になることは決してありません。自分自身のキャリアを考え、言葉にする力が、この本を通じてみなさんには備わっているはずだからです。

　AOIに関わってくださった社員、メンター、卒塾生、塾生のみなさんがいなければこの本は完成しませんでした。本当にありがとうございました。特に執筆の機会をくださった小澤忠さん、松田大樹さんには心から感謝いたします。

執筆協力

橋本尭明、柏村嶺、赤井里佳子、實松茉奈美、木伏聖陽

福井悠紀

MEMO

著者プロフィール

福井悠紀 Yuki Fukui

1995年、大阪府生まれ。京都大学経済学部経
済経営学科卒業。大学3年次にAOIの創業に
参画し創業当時から志望理由、面接、小論文
の指導を行う。塾内の教材開発にも長年にわ
たり携わってきた。

7日間で合格する
総合型選抜・学校推薦型選抜
志望理由書・面接

STAFF

ブックデザイン	三森健太（JUNGLE）
イラストレーション	フクイサチヨ
編集協力	高木直子
	株式会社オルタナプロ、鈴木瑞穂、相澤尋
データ作成	株式会社四国写研
印刷所	株式会社リーブルテック